Larissa Holzki und Stephan Scheuer

Inside KI

Larissa Holzki und Stephan Scheuer

Inside KI

Wie Künstliche Intelligenz und ihre Pioniere unser Leben und Arbeiten revolutionieren

HERDER

FREIBURG · BASEL · WIEN

MIX
Papier | Fördert gute Waldnutzung
FSC® C014496
www.fsc.org

www.herder.de

Illustrationen: Designed by Freepik/freepik.com
Satz: Carsten Klein, Torgau
Herstellung: GGP Media GmbH, Pößneck

Printed in Germany

ISBN Print: 978-3-451-39924-4
ISBN E-Book (EPUB): 978-3-451-83300-7
ISBN E-Book (PDF): 978-3-451-83301-4

Inhalt

Vorwort

Das Jahr 2023 hat eine Zäsur markiert: Es war das Jahr, in dem Künstliche Intelligenz anfing, zu schreiben und zu sprechen wie ein Mensch. In dem wir uns plötzlich nicht mehr sicher sein konnten, ob ein Nachrichtentext, ein Foto oder ein Popsong menschengemacht oder KI-generiert war. In dem Programmierer, Juristinnen und Filmemacher darüber diskutierten, was sie eigentlich noch besser können als KI. Das ist erst der Anfang. In den Jahren 2024, 2025 und darüber hinaus wird die Technologie erst ihre volle Wirkung entfalten.

Lange galten Roboter als Bedrohung für Jobs in Lagerhallen und an Fließbändern. Die letzten Arbeitsplätze für Menschen in der Produktion schienen gezählt. Plötzlich sind es nicht Roboter, sondern Künstliche Intelligenz, die Bürotätigkeiten übernimmt und Hausaufgaben macht. In rasanter Geschwindigkeit entwickelt sich vor unseren Augen eine Technologie mit immenser gesellschaftlicher Sprengkraft. KI könnte unser Leben so stark verändern wie einst die Erfindung des Internets. Es spielt keine Rolle, wie alt Sie sind und was Sie beruflich machen. Wir alle sind von dieser Technologierevolution betroffen.

Die Erkenntnis kam mit ChatGPT. Als der Textroboter Ende November 2022 veröffentlicht wurde, sollen sich binnen fünf Tagen eine Million Nutzer bei dem Dienst registriert haben. Ein halbes Jahr später berichtete der deutsche Digitalverband Bitkom, jeder fünfte Deutsche habe das Programm bereits ausprobiert. So schnell hat noch nie eine Technologie die Welt erobert.

Hinter dem Chatbot steht ein KI-Modell, das auf Basis einer gigantischen Anzahl von Texten die menschliche Sprache gelernt hat. Und nicht nur das. Das Modell kann auch berechnen, welche Antwort mit der größten Wahrscheinlichkeit zu einer bestimmten Eingabe passt. Mit ChatGPT verändert sich die Art und Weise, wie wir mit Maschinen umgehen. Wir können ihnen Fragen stellen. Wir können mit ihnen neue Ideen diskutieren. Sie können uns kritische Rückmeldungen zu unserer eigenen Arbeit geben. Computer sind nicht länger reine Werkzeuge. Die Arbeit mit ihnen wird zu Teamwork.

Der CEO von Google, Sundar Pichai, prognostiziert, Künstliche Intelligenz könne eine wichtigere Erfindung für die Menschheit werden als Feuer oder Elektrizität. Tesla-Chef Elon Musk warnt hingegen: »Künstliche Intelligenz könnte die Menschheit ausrotten. Sie ist eine Gefahr für unsere Zivilisation.«

Natürlich übertreibt Pichai, wenn er KI mit Feuer gleichsetzt. Er will KI als besonders mächtig anpreisen, denn seine Firma verkauft schließlich KI-Produkte. Aber selbst wenn der Vergleich überzogen ist und auch Musk mit seinen Untergangsszenarien über das Ziel hinausschießt, so wird Künstliche Intelligenz unser Leben nachhaltig verändern. Das ist jetzt schon absehbar.

Das Zentrum der Entwicklung ist einmal mehr das Silicon Valley in den USA. Dort ist das Start-up OpenAI ansässig, das ChatGPT entwickelt hat. Der Microsoft-Konzern allein hat 13 Milliarden Dollar in die Jungfirma investiert. CEO Satya Nadella integriert die Technik von OpenAI in alle Microsoft-Produkte. Aber das Wettrennen um die Vorherrschaft beim Thema Künstliche Intelligenz hat gerade erst begonnen. Auch China schickt sich an, sich dabei als Weltmacht zu etablieren. Und Europa ist entschlossen, sich von den Technologiegroßmächten nicht erneut überrollen zu lassen.

In der wissenschaftlichen Forschung könnte Künstliche Intelligenz wie ein Turbo fungieren. Der richtige Vergleich wäre hier nicht Feuer oder Elektrizität, sondern eher die Entwicklung von Mikroskopen im 17. Jahrhundert. Sie machten es möglich, sich völlig neues Wissen zu erschließen, und brachten die Forschung massiv voran. Pharmaunternehmen beschleunigen mit Künstlicher Intelligenz die Entwicklung von neuen Medikamenten. KI-Assistenten können Ärzten helfen, Krankheiten frühzeitig zu erkennen und zu heilen. Aber auch in anderen Lebensbereichen stehen große Umwälzungen bevor: In der Schule können KI-Tutoren wie ein individueller Lehrer fungieren, der immer erreichbar ist, auf das gesamte Wissen der Welt zugreifen kann und es zugeschnitten auf die Fähigkeiten einer einzelnen Schülerin aufbereitet. Zudem kann jeder auch ohne Computerkenntnisse dank KI komplizierte Software entwickeln. Einfache Befehle an die KI reichen dafür mittlerweile aus.

Wir leben in einer aufregenden Zeit. Dieses Buch soll ein Wegweiser sein. Es soll helfen, sich zurechtzufinden. Wir wollen die wichtigsten Pioniere hinter dem Technologieschub vorstellen. Wir, das sind Larissa Holzki, die in der Zentrale des *Handelsblatts* in Düsseldorf ein Team für Künstliche Intelligenz leitet, und Stephan Scheuer, der als Korrespondent für das *Handelsblatt* von San Francisco aus über die US-Technologiefirmen schreibt. Als Reporter berichten wir jeden Tag über den größten Innovationswettbewerb, den unsere Generation bisher erlebt hat. Wir treffen die Menschen, die ihn vorantreiben. Wir bekommen Zutritt zu ihren Unternehmen, begleiten deren Chefs und Entwicklerinnen auf Reisen und besuchen sie manchmal sogar zu Hause. Die Szenen und Gespräche in diesem Buch, die in Europa spielen, steuerte Larissa Holzki bei. Stephan Scheuer schreibt über seine Begegnungen in den USA. Als Korrespondent hat er zuvor mehrere Jahre in Peking gearbeitet. Er hatte auch dort Zugang zu führenden KI-Unternehmen und beschreibt seine Eindrücke in diesem Buch. Leider sind die Einreisebedingungen für Journalisten in die Volksrepublik so streng, dass er das Land für dieses Buch nicht erneut besuchen konnte.

Als Leserinnen und Leser dieses Buches nehmen wir Sie mit. Ob im Silicon Valley, in Europa oder China, wir geben Ihnen einen Einblick in die Orte, an denen unsere Zukunft mit dieser Technologie geprägt wird: die Forschungslabore in San Francisco, das Start-up Aleph Alpha in Heidelberg oder die Microsoft-Zentrale in Redmond bei Seattle. Wer versteht, was die Menschen, die dort arbeiten, antreibt und was sie programmieren, kann sich selbst ein Bild davon machen, wie Künstliche Intelligenz unser Leben in den nächsten Jahren und Jahrzehnten noch verändern könnte.

Zu den Menschen, die wir Ihnen gerne näher vorstellen wollen, zählt Sam Altman. Er ist der Mann, der OpenAI mitgegründet hat und heute leitet. Er steht hinter ChatGPT und ist der derzeit einflussreichste Pionier im Bereich der Künstlichen Intelligenz. Im Interview beschreibt er, welches Potenzial er in der Nutzung von KI sieht. Er zeichnet das Bild einer Welt, in der neue Computersysteme viele grundlegende Probleme der Menschheit lösen können und Menschen viel weniger arbeiten müssen. Altman spricht sich für ein bedingungsloses Grundeinkommen aus. Dazu will er eine globale Kryptowährung unter dem Namen Worldcoin etablieren. Um diese zu nutzen, sollen sich alle Menschen ihre Augeniris scannen lassen. Diese Pläne könnten einem dystopischen Science-Fiction-Film entsprungen sind. Sie sind aber Realität. Und sie sind eng mit Deutschland verbunden. Der Augenscanner wurde in Erlangen entwickelt. Alle Hintergründe haben wir im Detail aufgeschrieben.

Es gibt aber noch viel mehr spannende Menschen kennenzulernen. Da ist Aidan Gomez. Er ist ein KI-Experte aus Kanada, der mit einem Forschungspapier im Jahr 2017 die Grundlage für den heutigen Boom geschaffen hat. Er erzählt, wie er in einer ländlichen Region von Kanada umgeben von Ahornbäumen aufgewachsen ist. Er beschreibt, wie er kaum Zugang zu schnellem Internet hatte und genau deshalb früh angefangen hat, Computerprogramme zu schreiben, und heute an der Spitze der globalen Forschung mitspielt.

Ein weiterer wichtiger Vordenker ist Thomas Dohmke. Der aus Deutschland stammende Informatiker leitet die Programmierplattform Github. Gepaart mit Künstlicher Intelligenz, hat er einen Copiloten auf den Markt gebracht, der komplexe Computerprogramme erschaffen kann. In keinem Bereich ist KI derzeit schon so mächtig wie im Erschaffen von Computerprogrammen.

Beim weltweit wertvollsten Chipkonzern Nvidia tüftelt Spitzenmanagerin Kimberly Powell mit ihrem Team daran, Krankheiten mithilfe von KI zu heilen. Bei einer Führung durch die futuristische Firmenzentrale in Santa Clara beschreibt sie, warum es noch nie so einfach wie heute war, Medikamente zu entwickeln, und welche Rolle KI dabei spielt.

In Paris treffen wir den französischen Informatiker Yann LeCun. Der KI-Chef des Facebook-Konzerns Meta stellt sich mit seinen öffentlichen Äußerungen gern mal gegen den Rest der Technologiewelt – manchmal sogar gegen Facebook-Chef Mark Zuckerberg. Er glaube nicht daran, dass wir den heutigen generativen KI-Modellen die Fehler austreiben können, sagt er. Er will Maschinen beibringen, zu denken und zu lernen wie ein Mensch.

Wir nehmen Sie mit zu einem Treffen mit Meredith Whittaker. Sie leitet die Signal-Stiftung und ist für den gleichnamigen verschlüsselten Messengerdienst zuständig. Sie ist die kritische Gegenstimme in der US-Techszene, die den großen Konzernen vorwirft, ihre Macht zu missbrauchen.

Der Künstler Boris Eldagsen hat uns gezeigt, dass wir unseren Augen in der KI-Revolution kaum noch trauen können. Er hat mit einem KI-generierten Bild 2023 einen bekannten Fotopreis gewonnen – und bei der Preisverleihung die Bühne gestürmt, um die Welt darauf aufmerksam zu machen, dass er die Auszeichnung niemals hätte bekommen dürfen. Für eine neue Kunstform hält er seine »Promptografie« aber trotzdem.

Auch das Berliner KI-Start-up Helsing hat uns Einblick gewährt. Die junge Rüstungsfirma arbeitet an Technologien, mit denen Europa sich im KI-Zeitalter noch schützen und verteidigen kann. Ohne ihre Technologie wären Bundeswehrpiloten künftig wohl kaum noch in der Lage, Radardaten auszulesen.

Und dann nehmen wir Sie auch noch mit an den Neckar. In Heidelberg arbeiten Jonas Andrulis und sein Team an einem KI-Modell, auf das deutsche Behörden und Industrieunternehmen mit ihren sensibelsten Daten vertrauen sollen.

Wir glauben daran, dass Künstliche Intelligenz unser Leben besser machen wird. Wir sind überzeugt, dass die Chancen der Technik die Risiken überwiegen. Wir sind aber nicht so naiv, die Gefahren zu ignorieren. Auch wenn Elon Musk mit seinen Weltuntergangsszenarien übertreibt, hat er recht, vor den Bedrohungen zu warnen. Deshalb haben wir das Buch in mehrere Teile aufgeteilt. Im ersten Teil stellen wir Ihnen die Grundlagen der Technik vor und beschreiben, warum die Idee einer Künstlichen Intelligenz zwar so alt wie die Entwicklung der ersten Computer ist, warum wir aber genau jetzt den großen Durchbruch bei KI erleben. Im zweiten Teil gehen wir ausführlich auf die positiven Chancen der Technik ein in Bereichen wie Medizin, Kunst, Mobilität und Bildung. In Teil drei widmen wir uns den Risiken der Technik. Und wir hinterfragen den Geniekult, der einige der KI-Pioniere umgibt. Im vierten Teil führen wir alles zusammen. Dabei führen wir aus, wie sich die Chancen der Technologie nutzen, aber gleichzeitig die Risiken einschränken lassen. Am Ende der einzelnen Kapitel finden Sie jeweils eine Kurzzusammenfassung. Zudem finden Sie ganz hinten im Buch ein Glossar, in dem wir die zentralen Begriffe und Konzepte rund um Künstliche Intelligenz erläutern.

Für uns ist es jeden Tag von Neuem spannend, die KI-Pioniere unserer Zeit zu treffen. Wer mit diesen Menschen spricht, sieht die Welt vor einem fundamentalen Umbruch. Überzeugen Sie sich selbst.

Larissa Holzki und Stephan Scheuer
Düsseldorf und San Francisco im Dezember 2023

Teil 1:

Die Basis

Was ist Künstliche Intelligenz?

Ein Experiment in den 1960er Jahren. Eine Frau sitzt an einer elektrischen Schreibmaschine. Sie könne mit der Maschine wie mit einem Psychotherapeuten sprechen, hat man ihr gesagt. Die Frau tippt ein:

Männer sind alle gleich.

Es dauert einen Moment. Dann erscheint auf dem schwarzen Bildschirm eine Antwort in grün leuchtender Schrift.

In welcher Hinsicht?

Wieder tippt die Frau etwas in die Maschine.

Sie nerven uns immer mit irgendetwas.
Kannst du ein konkretes Beispiel nennen?
Nun, mein Freund hat mich hergeschickt.
Dein Freund hat dich hergeschickt?
Er sagt, ich sei oft deprimiert.
Es tut mir leid zu hören, dass du deprimiert bist.
Es stimmt. Ich bin unglücklich.
Denkst du, dass der Besuch hier dir helfen wird, nicht mehr unglücklich zu sein?
Ich brauche Hilfe, so viel scheint sicher.

Was Sie da lesen, ist eine »typische Konversation« zwischen einem Menschen und der Software Eliza vor fast 60 Jahren. Der deutsch-amerikanische Computerwissenschaftler Joseph Weizenbaum hat es in einem Forschungspapier von 1966 festgehalten. Für das Experiment ließ er Nutzer über elektrische Schreibmaschinen auf einen Großrechner vom Typ IBM 7094 am Massachusetts Institute of Technology (MIT) in den USA zugreifen.

Das Internet gab es damals noch nicht, sonst hätte Eliza vielleicht ähnlich viel Aufmerksamkeit bekommen wie ChatGPT. Die Reichweite des KI-basierten Chatbots von OpenAI hat Eliza nie erreicht. Trotzdem waren Menschen schon damals von plaudernder Software fasziniert.

Weizenbaum war davon ausgegangen, die Nutzer würden schnell herausfinden, dass das »echte Gespräch« mit der Maschine nur eine Illusion ist. Tatsächlich aber ließen sie sich auf tiefgründige Gespräche ein. Einige vertrauten der Software intime Informationen an und entwickelten eine Art Beziehung zu dem Programm. Manche diskutierten, ob Eliza und ähnliche Programme in naher Zukunft reale Patientengespräche in der Psychotherapie übernehmen könnten.

Heute ergeht es vielen von uns ähnlich. Wir erleben eine Technologie, die so leistungsfähig ist, dass wir ihr menschenähnliche Intelligenz zutrauen. Und viel spricht dafür, dass Künstliche Intelligenz nun tatsächlich das Potenzial hat, eine neue industrielle Revolution auszulösen. Zur Wahrheit gehört aber auch: Das wurde in der Geschichte der KI schon mehrfach vorhergesagt.

In diesem Kapitel wollen wir auf einige der wichtigsten Meilensteine in der Geschichte der Künstlichen Intelligenz eingehen, grundlegende Begriffe klären und Menschen vorstellen, die die Entwicklung bis heute geprägt haben. Es sind bemerkenswerte Persönlichkeiten, die mit der maschinellen Intelligenz zugleich auch die menschliche Intelligenz erforscht haben. Und manchmal, scheint es, hat sie diese Arbeit mehr am Intellekt ihrer Mitmenschen zweifeln lassen als an der Leistungsfähigkeit ihrer Computer.

Joseph Weizenbaum: Der Urvater des ersten Chatbots wollte kein »Guru« sein

Eliza war längst nicht so gut wie heutige Unterhaltungsroboter à la ChatGPT. Das Programm konnte lediglich Schlüsselworte in Aussagen identifizieren, ganz begrenzt Kontext erfassen und Antworten generieren. Die Illusion eines tiefgehenden Gesprächs erzeugte Weizenbaum durch einen Trick: Er wies seine Testpersonen an, mit der Maschine zu sprechen wie mit einem Psychotherapeuten. Dadurch wunderten sich die Nutzer auch nicht, dass Eliza ihre Sätze oft wiederholte oder sie einfach aufforderte, noch mehr über ein genanntes Thema zu erzählen. Vielmehr gingen sie davon aus, dass eine Ärztin oder ein Psychologe es genauso tun würden. So bemerkten sie nicht, dass Eliza oft nur Gesagtes in Fragen umformulierte. Dass sich die Technologie nicht sofort rasant weiterentwickelte, hatte viele Gründe. Dazu gehört, dass Weizenbaum selbst keine Lust hatte, das Projekt weiterzuverfolgen.

Im Jahr 2006 erschien eine Dokumentation über sein Leben. Sie zeigt den damals 83-Jährigen mit grauem Zopf, runder Brille und gelbem Pullunder. Er sitzt vor einem Bücherregal in seiner Wohnung in Berlin. Die Regisseure lassen ihn von seinen Erinnerungen erzählen. Es geht auch um die Frage, warum er an dem Eliza-Projekt nicht drangeblieben ist. Er habe gewusst, dass er dann nichts anderes mehr gemacht hätte, sagt Weizenbaum. Und mit leichtem Kopfschütteln fährt er fort: Er hätte dann »einfach immer klügere Programme« weitergeschrieben, aber all das hätte »überhaupt keine Tiefe« gehabt. Dann kratzt er sich am Kopf und sagt: Außerdem wäre er dann wohl Teil einer Community von Leuten geworden, die ähnliche Sachen machen. Und er wäre dort »ein Guru solchen Unsinns« geworden, »und das wollte ich natürlich nicht«.

Der geistige Vater von Eliza hat den großen Erfolg der US-Firma OpenAI mit ChatGPT nicht mehr miterlebt. Er ist 2008 gestorben. Aber es scheint, als hätte er Sam Altman, den CEO der Firma, nicht beneidet. Es gibt Gründer, die es als Inspiration beschreiben, wenn Altman einmal die Woche vor ihrem Büro langläuft. In Medien wird er oft als das beschrieben, was Weizenbaum nicht werden wollte: ein Guru.

Alan Turing: Wann ist eine Maschine intelligent – und warum wollen Menschen es dann nicht wahrhaben?

Die Idee, in Maschinen eine Art menschliche Intelligenz nachzubauen, fasziniert Informatiker seit Jahrzehnten. Der britische Logiker und Mathematiker Alan Turing stellte 1950 in einem Aufsatz die Frage: Können Maschinen denken? Turing schrieb, dass Computer zumindest bald in der Lage sein könnten, das menschliche Denken zu imitieren – obwohl sie es nicht im eigentlichen Sinne tun würden. Das sei nur eine Frage der Programmierung und des technischen Fortschritts.

Der Aufsatz ist bis heute lesenswert. Turing schrieb darin, dass vor allem Intellektuelle die Denkfähigkeit von Computern unterschätzen dürften. Sie neigten eher dazu, ihren Glauben an die Überlegenheit des Menschen in seinem Denkvermögen begründet zu sehen.

Wer bis zur Veröffentlichung von ChatGPT geglaubt hatte, dass Roboter bald Supermarktregale einräumen, aber bestimmt keine komplexen Sachverhalte erklären würden, dürfte sich ertappt fühlen. Amüsant ist auch Turings Erklärung, warum Menschen nicht an eine Maschinenintelligenz glauben (wollen). Neben einer Reihe von anderen Punkten führt er den »Kopf-in-den-Sand-Einwand« an: »Die Konsequenzen von denkenden Maschinen wären zu schrecklich. Lassen Sie uns hoffen und glauben, dass sie es nicht können.«

Turing ist mit verschiedenen großen Erfindungen in die Geschichte der Informatik eingegangen. 1936 legte er den Vorschlag für eine »speicherprogrammierte« Maschine vor, die heute als Turing-Maschine bekannt ist. In ihr war das Konzept des modernen Computers angelegt, Software von Hardware zu trennen. Im Zweiten Weltkrieg war es Turing, der eine elektromechanische Maschine konstruierte, mit der sich der Code der sogenannten Enigma der deutschen Wehrmacht knacken ließ. Damit konnten die Engländer den verschlüsselten Nachrichtenverkehr der Wehrmacht mitlesen. Nach ihm benannt ist aber auch der Turing-Test. Mit dem Verfahren soll untersucht werden, ob eine Künstliche Intelligenz in der Lage ist, menschliches Denken zu imitieren. Das ist laut Turing der Fall, wenn ein Mensch dem System fünf Minuten lang diverse Fragen stellen darf und anhand der Antworten nicht erkennen kann, dass es sich um eine Maschine handelt.

Mit ChatGPT und ähnlichen Chatbots sehen viele die Turing-Bedingungen für Künstliche Intelligenz als erfüllt an. Der Mathematiker selbst hatte prognostiziert, dass wir bereits im Jahr 2000 nur noch mit einer Wahrscheinlichkeit von 70 Prozent mit der Antwort richtigliegen würden.

Gewissermaßen begegnet Ihnen Turing übrigens jedes Mal, wenn Sie im Internet ein Bilderrätsel lösen müssen, um zu beweisen, dass Sie kein Bot sind. Das Verfahren heißt »Captcha«, die Abkürzung für »completely automated public Turing test to tell computers and humans apart«. Auf Deutsch würde man sagen: vollständig automatisierter öffentlicher Turing-Test, um Computer und Menschen auseinanderzuhalten.

John McCarthy: Was ist Künstliche Intelligenz – und braucht es dazu ein Bewusstsein?

Geprägt hat den Begriff Artificial Intelligence der US-amerikanische Logiker und Informatiker John McCarthy, als er ihn 1956 zum Titel eines Sommersymposions am Dartmouth College im US-Bundesstaat New Hampshire machte.

Er beschrieb Künstliche Intelligenz als »Wissenschaft und Technik, intelligente Maschinen zu entwickeln, insbesondere intelligente Computerprogramme«. Das sei verknüpft mit dem Ziel, mithilfe von Computern die menschliche Intelligenz zu verstehen. Aber: »KI muss sich nicht auf Methoden beschränken, für die es biologische Vorbilder gibt.« Auch wenn KI die gleichen Aufgaben lösen soll wie ein Mensch, müssen im Computer dabei also nicht die gleichen Mechanismen ablaufen wie im Gehirn.

Aber wie bringt man Computern das Denken überhaupt bei? Es gibt heute zwei vorherrschende Ansätze, die in unterschiedlichen Phasen der KI-Entwicklung mehr oder weniger Aufmerksamkeit bekommen haben.

Edward Feigenbaum: Was sind Expertensysteme – und was macht sie so erfolgreich wie Fachleute?

Expertensysteme basieren auf klar definierten Regeln. Im einfachsten Fall könnte das so aussehen: Wenn die Eingabe »A« ist, soll die Ausgabe »B« sein. Derartige Entscheidungsketten müssen in Computercode übersetzt werden. Ihren Namen verdanken die Systeme den Experten, mit deren Wissen sie gebaut werden. Ohne Menschen, die die spezifischen Regeln kennen und erklären können, sind sie nicht vorstellbar.

Als »Vater der Expertensysteme« gilt der Computerwissenschaftler Edward Feigenbaum. Er war maßgeblich dafür verantwortlich, dass in den 1960er Jahren in Stanford eines der ersten erfolgreichen KI-Systeme mit vielen Regeln entwickelt wurde. Dendral sollte Chemiker unterstützen, die Struktur unbekannter organischer Moleküle zu bestimmen. Dazu speisten die Forscher um Edward Feigenbaum verschiedene Parameter in das System ein: die elementare Formel eines Moleküls (zum Beispiel C_2H_5OH für Ethanol) sowie dessen per Massenspektrometer ermittelte Masse. Das Expertensystem sollte dann die wahrscheinlichste Formation der einzelnen Atome bestimmen. Um das System zu bauen, befragten die Forscher zahlreiche Experten für organische Chemie. Auf Basis ihrer Antworten konnten sie einen komplexen Entscheidungsbaum nach dem »Wenn-dann-Prinzip« codieren. Dadurch wurde der Entscheidungsprozess automatisiert.

Auf der Basis von Dendral wurde anschließend das noch bekanntere System MYCIN entwickelt, mit dem Blutinfektionen diagnostiziert werden sollten. Dazu brachten die Forscher ihrem KI-System 450 Regeln zur Diagnose von Meningitis bei, die sie aus Fachzeitschriften und den Daten des Stanford-Krankenhauses gesammelt hatten. MYCIN konnte durch einen Abgleich mit der individuellen Krankheitsgeschichte des Patienten nicht nur sagen, ob eine Blutinfektion vorlag. Es konnte auch sagen, welche der Regeln erfüllt waren und ob Informationen fehlten, die zur Diagnose nötig wären. MYCIN übertraf junge Ärzte beim Diagnostizieren von Blutinfektionen deutlich und erreichte ein ähnlich gutes Niveau wie die Experten. Es legte auch offen, wie sicher es sich in der Diagnose war.

Als Feigenbaum für seine Arbeit an Dendral 2013 mit dem Computer Pioneer Award ausgezeichnet wurde, erinnerte er sich an ein Interview, das er 30 Jahre zuvor geführt hatte. Er sei gefragt worden, ob Maschinen jemals so schlau werden könnten wie Menschen, erzählt der 77-Jährige. »Nein«, habe er geantwortet. »Es wird nie einen Zeitpunkt geben, an dem eine Maschine so schlau ist wie ein Mensch. Denn sobald wir wissen, wie wir sie so schlau machen wie ein Mensch, werden wir Ingenieure sie schlauer machen.«

Expertensysteme eignen sich gut für Aufgaben, bei denen präzise Daten vorliegen und eindeutige Aussagen gefragt sind. In Situationen, in denen es eine unbegrenzte Anzahl an Optionen gibt, sind sie aber überfragt. Dafür sind neuronale Netze besser geeignet.

Marvin Minsky: Wie funktionieren neuronale Netze, und warum sind sie so undurchschaubar?

Neuronale Netze sind das Fundament der großen KI-Modelle, die Chatbots wie ChatGPT zugrunde liegen. Auch an diesen KI-Systemen wird schon seit Jahrzehnten geforscht. Der erste Computer für neuronale Netze geht auf den späteren Begründer des MIT-Labors für Computerwissenschaften und Künstliche Intelligenz zurück: Marvin Minsky hat ihn 1951 noch in seiner Zeit als Doktorand an der Elitehochschule Princeton mit dem Physikdoktoranden Dean Edmonds entwickelt. Die Maschine wurde unter dem Namen SNARC bekannt. Die Abkürzung steht für Stochastic Neural Analog Reinforcement Calculator. Was aber dahintersteckt, ist eine künstliche Ratte, die nach dem Willen von Minsky und Edmonds selbst lernen sollte, durch ein Labyrinth zu finden.

Der Begriff »neuronale« Netze leitet sich von den Nervenzellen im menschlichen Gehirn ab. Sie ähneln diesem zwar nur bedingt, aber es gibt wichtige Parallelen. So zeichnen sich neuronale Netze ähnlich wie das Gehirn durch eine Vielzahl von Verschaltungen aus. Das Gehirn besteht aus vielen Nervenzellen, die über Synapsen Signale an weitere benachbarte Nervenzellen weitergeben. Was im Gehirn Neuronen sind, sind bei den neuronalen Netzen mathematische Formeln, die auch Knoten genannt werden. Sie sind über unterschiedlich starke Verbindungen miteinander verknüpft. Werden nun Daten in das neuronale Netz eingespeist, werden sie in den Knoten verrechnet und abhängig von den Verbindungen addiert, gewichtet und weitergegeben.

Einfache neuronale Netze bestehen nur aus zwei Schichten von Knoten: der Eingabeschicht und der Ausgabeschicht. Liegen dazwischen weitere Knotenschichten, spricht man auch von tiefen neuronalen Netzen. Sie können genutzt werden, um mittels Deep Learning immer komplexere Probleme zu lösen.

Anders als bei Expertensystemen werden bei neuronalen Netzen keine Regeln in die Systeme hineingeschrieben. Ähnlich wie ein menschliches Gehirn etwas lernt und sich merkt, müssen auch neuronale Netze angelernt oder »trainiert« werden. Das lässt sich gut mithilfe der künstlichen Ratte von Minsky und Edmonds beschreiben. Sie sollte versuchen, den Weg durch ein Labyrinth zu finden. Dabei lernte sie durch Ausprobieren und Scheitern. Das Augenmerk der Forscher lag bei solchen Systemen darauf, die erfolgreichen Schritte in der Folge zu »verstärken«, das System also quasi zu ermuntern, diese Richtung weiterzuverfolgen.

Die ersten neuronalen Netzwerke waren ähnlich wie regelbasierte Systeme auf sehr spezifische Aufgaben ausgelegt. Und es gelang den Forschern nicht so wie erwartet, ihre Fähigkeiten auf andere Anwendungsfälle zu übertragen. Minsky und sein Co-Autor Seymour A. Papert beschrieben das 1988 in ihrem Buch *Perceptrons* so: Die Forscher seien in der Lage gewesen, Systeme dazu zu bringen, bestimmte Dinge zu lernen, aber andere Dinge nicht. Und wenn ein Fehler auftrat, hätten sie diesen in der Regel nicht beseitigen können – weder durch eine Verlängerung der Experimente noch durch den Bau größerer Maschinen.

Mitte der 1960er Jahre hätte niemand erklären können, warum die Systeme in einigen Fällen in der Lage waren, ein Muster zu erkennen, und warum das in anderen Fällen nicht gelang. Es begann eine Phase, in der sich Ernüchterung breitmachte – nicht nur bei den Forschern selbst, auch bei ihren Geldgebern.

James Lighthill: Warum auf heiße Phasen der KI-Entwicklung schon oft kalte Winter folgten

Frühe Erfolge in der Geschichte der KI haben wiederholt für Begeisterung und Erstaunen gesorgt – und dazu geführt, dass die Geschwindigkeit des technologischen Fortschritts massiv überschätzt wurde. Prognosen erwiesen sich ein ums andere Mal als unwahr, Erwartungen der Geldgeber wurden enttäuscht. In der Folge wurden Finanzmittel gestrichen und Projekte eingestellt.

Es folgten Jahre, in denen es deutlich schwieriger war, Ressourcen für Projekte zu bekommen, und die Forschung verlangsamte sich. Heute werden diese Phasen »KI-Winter« genannt. Sie werden meistens auf die Zeiträume zwischen 1974 und 1980 sowie zwischen 1987 und 1993 datiert.

Ein einschneidendes Ereignis vor dem ersten großen KI-Winter war der sogenannte *Lighthill Report*. Das britische Parlament hatte den Mathematikprofessor James Lighthill um eine unabhängige Einschätzung zum Stand der KI-Forschung gebeten. Er kam 1972 zu einem vernichtenden Urteil. Lighthill attestierte dem Forschungsgebiet in den vorausgegangenen 25 Jahren ein weitgehendes Versagen, gemessen an den enormen Zielen. Die wissenschaftlichen Durchbrüche hätten in keinem Bereich »den großen Einfluss erzielt, der damals versprochen wurde«, schrieb Lighthill. Explizit ging er etwa auf Projekte zur Spracherkennung ein, die »nur innerhalb eines sehr begrenzten Wortschatzes erfolgreich« gewesen seien, hohe Ausgaben für Programme zur maschinellen Erkennung alltäglicher Sprache seien »völlig verschwendet« gewesen. Auch die Ergebnisse der Arbeit an KI-basierten Schachcomputern seien »entmutigend«, schrieb Lighthill. Die besten Programme spielten auf dem Niveau erfahrener Amateure: »Schachmeister schlagen sie leicht.« Zudem seien sie nur in der Lage, die Regeln zu befolgen, die Menschen ihnen beigebracht hätten – und ein paar Schritte vorauszudenken. Allein die höhere Geschwindigkeit sei computergeneriert. Insbesondere kritisierte Lighthill, dass die meisten Laborerfolge in der Praxis scheitern würden. Als Reaktion auf den Bericht wurde die KI-Forschung in Großbritannien anschließend für ein Jahrzehnt radikal zurückgefahren.

Auch die Innovationsabteilung der US-Streitkräfte kürzte in der Folge die Mittel für Künstliche Intelligenz massiv. Die Defense Advanced Research Projects Agency, kurz DARPA genannt, hatte in den 1960er Jahren Millionen in die KI-Forschung gesteckt und den Wissenschaftlern dabei wenige Vorgaben gemacht. Das änderte sich 1969, als sich die Agentur auf Projekte fokussierte, die kurzfristig neue Technologien für das US-Militär bereitstellen könnten. Ein Projekt, das auch danach noch verfolgt wurde, zielte auf das Sprachverständnis von Computern ab. Doch das Programm Speech Understanding Research (SUR) verfehlte seine Ziele und wurde – zufällig oder nicht – nach der Veröffentlichung des *Lighthill Reports* auch nicht verlängert.

Welchen Einfluss genau der *Lighthill Report* auf die KI-Förderung in den USA hatte, ist nicht eindeutig zu beziffern. Klar ist, dass der Bericht auch dort in der Gemeinschaft der KI-Forscher wahrgenommen und diskutiert wurde. John McCarthy, der Erfinder des KI-Begriffs, schrieb eine Rezension und ging unter anderem auf Lighthills Kritik an der KI-Entwicklung im Schachspiel ein. Wenn die Programme bis 1978 nicht besser als das Niveau eines »erfahrenen Amateurs« wären, würde er eine Wette über 250 Pfund Sterling verlieren. Er wäre enttäuscht, schrieb McCarthy – wenn auch nicht extrem überrascht. Um Meisterniveau zu erreichen, sei es wohl nötig, den Programmen flexible Erkenntnismuster beizubringen. Damit spielte der Informatiker auf einen Wechsel oder eine Kombination von regelbasierten KI-Systemen zu neuronalen Netzen an.

Es sollte bis 1997 dauern, bis der Schachcomputer Deep Blue von IBM den damals amtierenden Schachweltmeister Garri Kasparow unter Wettkampfbedingungen in einem ganzen Turnier schlug. Der Sieg gelang mit speziell für diesen Zweck entwickelter Hardware und mit einem KI-System, das auf dem Wissen hervorragender Schachspieler beruhte. Der Durchbruch, auf den McCarthy wartete, gelang erst später – und lässt sich besser an einem anderen Spiel aufzeigen.

Dass es dazu kam, hat viel mit drei Forschern zu tun, die heute als »Väter der Deep-Learning-Revolution« gelten. Geoffrey Hinton, Yoshua Bengio und Yann LeCun legten über 30 Jahre hinweg gemeinsam und unabhängig voneinander die Grundlagen der Technologie. 2019 erhielten sie dafür den Turing Award der Association for Computing Machinery (ACM), der oft als Nobelpreis der Informatik bezeichnet wird. Hinton ist emeritierter Professor der University of Toronto und war damals noch Vice-President und Engineering Fellow bei Google, Bengio ist Professor an der University of Montreal, und LeCun arbeitet neben seiner Tätigkeit als Chef der KI-Forschung beim Facebook-Konzern Meta als Professor an der New York University. Zur Begründung schrieb die ACM: Die Bemühungen der drei, in der KI-Szene Interesse an neuronalen Netzen neu zu entfachen, sei zunächst auf Skepsis gestoßen. Doch in der jüngsten Zeit hätten sie zu großen technologischen Fortschritten geführt. Ihre Methodik sei »heute das vorherrschende Paradigma« auf dem Gebiet. Zu den prominenten Gratulanten gehörte damals auch Demis Hassabis, dessen eigener Beitrag zur Geschichte der KI ohne die Vorarbeit der Preisträger nicht möglich gewesen wäre.

Demis Hassabis: AlphaGo und der Weg zu einer allgemeinen KI

Anders als James Lighthill war Demis Hassabis begeistert von Schachcomputern. Er müsse elf oder zwölf Jahre alt gewesen sein, als er seinen ersten Schachcomputer bekam, erinnert sich der britische KI-Unternehmer 2022 in einem Podcastinterview mit dem russisch-amerikanischen Informatiker Lex Fridman. In der Zeit handelte es sich um tragbare elektrische Geräte mit einem physischen Schachbrett. Hassabis erzählt, er habe eine Version gehabt, für die Kasparow mit seinem Namen warb.

Für Hassabis war es ein Trainingsgerät. Er war auf dem Weg zur Weltspitze und plante zu dieser Zeit, Profispieler zu werden. Mit 13 wurde er als zweitbester Schachspieler der Welt unter 14 Jahren gelistet. Den Schachcomputer nutzte er, um Eröffnungen und andere Spielsituationen zu üben. Aber Hassabis interessierte sich auch dafür, wie jemand das Gerät programmiert hatte. Schließlich habe er sich ein Schachcomputerhandbuch gekauft – und es selbst ausprobiert. An Schach scheiterte er zunächst.

Aber im Jahr 2016 sollte seine KI-Firma Deepmind einen der weltweit besten Spieler in einem Spiel besiegen, das bis dahin als unlösbar für KI-Systeme galt: Go. Das etwa 2500 Jahre alte Brettspiel ist nicht nur viel komplexer als Schach. Nach der Meinung vieler Experten brauchen Topspieler neben strategischem Denken auch Intuition, um dieses Spiel zu beherrschen. Für ein regelbasiertes KI-Programm eignet sich das Spiel schon deshalb nicht, weil die Erklärung großer Spieler, weshalb sie einen Stein auf ein bestimmtes Feld gesetzt haben, oft so lautet: Es hat sich richtig angefühlt.

Es gibt einen Dokumentarfilm über das historische Go-Turnier zwischen Mensch und Maschine. Im Zentrum stehen der koreanische Go-Profi Lee Sedol – damals der Vierte auf der Weltrangliste – und AlphaGo. Es ist das Programm, das John McCarthy gut 40 Jahre zuvor im Sinn gehabt haben dürfte: ein selbstlernendes System, das prinzipiell auch ganz andere Dinge lernen könnte, als mit weißen Steinen möglichst viele schwarze Steine einzukreisen. Die Version von AlphaGo, die damals gegen Lee Sedol antritt, hat bei hunderttausend Amateurspielen im Internet zugesehen. »Wir bringen AlphaGo zunächst dazu, den menschlichen Spieler zu imitieren«, sagt Demis Hassabis in der Dokumentation. Dann spiele das System viele Millionen Male gegen verschiedene Versionen von sich selbst und lerne aus seinen Fehlern.

AlphaGo spielt besser, als Lee Sedol und die Welt erwartet haben. Die ersten drei Spiele gewinnt das Programm klar. Und die Doku zeigt, wie dabei nicht nur seinem menschlichen Gegner, sondern auch manchen Kommentatoren, Reportern und sogar dem Team von DeepMind zunehmend mulmig wird.

Das zeigt sich im vierten Spiel des Turniers. Lee Sedol macht einen Zug, den keiner der Kommentatoren erwartet hat – und auch die Maschine nicht. Das Team von DeepMind weiß, dass AlphaGo die Wahrscheinlichkeit dieses Zuges nur mit 1 : 10 000 bemessen hat. Und auf einmal scheint AlphaGo verwirrt zu sein. Beim 79. Spielzug macht das Programm einen schweren Fehler, den es laut den Programmierern erst acht Spielzüge später bemerkt. Der Chefwissenschaftler von DeepMind, David Silver, sagt später, er habe einerseits ein flaues Gefühl im Magen verspürt, als AlphaGo begann, seltsam zu spielen. Aber gleichzeitig die Erleichterung, dass Lee Sedol nun eine Chance hatte. Tatsächlich gewinnt der Koreaner diese Partie.

Das Turnier ging mit 4 : 1 Siegen klar an AlphaGo. Lee Sedol sagt, er würde seinen einen Sieg für nichts auf der Welt hergeben. »Dieser Sieg hat gezeigt, dass wir noch mithalten können«, sagt er in der Doku. »Wenn die Zeit voranschreitet, wird es wahrscheinlich immer schwieriger werden, KI zu schlagen.«

Zumindest was Go betrifft, schien das schon ein Jahr später nicht mehr möglich. Da gewann AlphaGo zunächst 60 Spiele gegen Profis und schlug schließlich den Weltranglistenersten mit 5 : 0 Siegen. Auch ein Team aus fünf Topspielern konnte AlphaGo nicht bezwingen. Vor allem aber hat DeepMind im Jahr 2017 die Version AlphaGo Zero herausgebracht. Dieser Version hatte das Team nur noch die Regeln beigebracht, anschließend trainierte es sich mit zufällig ausgewählten Spielen. Die fast ohne menschliches Zutun trainierte KI bezwang nach 40 Tagen des Trainings ihre Vorgängerversion.

Die KI, auf der AlphaGo basiert, ist im Grunde die gleiche, die jetzt in Ihre Büros einzieht – und um die es in den meisten Kapiteln dieses Buches geht. Dass uns die KI überlegen ist, ist damit aber noch nicht ausgemacht. Auch Demis Hassabis ist bisher nicht an seinem Ziel angekommen. In dem Podcast mit Lex Fridman spricht er auch über das große Schachmatch zwischen

Garri Kasparow und dem Schachcomputer DeepBlue 1997. »Ich erinnere mich, dass ich von Kasparows Verstand mehr beeindruckt war als von Deep Blue«, sagt Hassabis. »Er konnte nicht nur mehr oder weniger auf dem gleichen Niveau Schach spielen wie diese brutale Rechenmaschine.« Kasparow könne natürlich auch alles andere, was Menschen können: Fahrrad fahren, viele Sprachen sprechen, Politik machen – und alles mit demselben Gehirn. Deep Blue, so brillant es auch im Schachspiel war, habe »nicht einmal ein so einfaches Spiel wie Tic-Tac-Toe spielen« können.

Hassabis will das ändern – und kann dafür jetzt auf 1000 KI-Forscher von Google zugreifen. Hassabis' Firma DeepMind gehört seit 2014 zu dem Suchmaschinenkonzern. Auch deshalb galt Google im vergangenen Jahrzehnt vielen als führend in der KI. Aber erst im Frühjahr 2023, also nachdem OpenAI sein KI-Sprachmodell veröffentlicht hatte und den Googlern damit zuvorgekommen war, wurden das Deep-Mind-Team aus London und die Forschungsabteilung Google Brain am Konzernsitz in Mountain View zusammengeführt und unter die Leitung von Hassabis gestellt.

Als wir von ihm wissen wollen, welche Meilensteine er als Nächstes erreichen wolle, sagt er im Juni 2023: »Unser langfristiges Ziel war immer, KI zu nutzen, um die Wissenschaft voranzubringen und der Menschheit zu nützen.« Generative KI sei einer der Wege, die man hin zu diesem Ziel beschreiten könne, und große Sprachmodelle könnten in den nächsten Jahren einen wichtigen Beitrag leisten. »Allerdings reichen sie in ihrer jetzigen Form nicht aus«, sagte Hassabis. »Es fehlen einige wichtige Dinge: Planung, Gedächtnis, logisches Denken – alles Dinge, an denen Google DeepMind arbeitet.«

Auf einen Blick

Hauptthema: Die Idee, intelligente Maschinen zu bauen, fasziniert Informatiker seit Jahrzehnten. Der US-amerikanische Logiker und Informatiker John McCarthy hat dafür den Begriff Künstliche Intelligenz geprägt, als er ihn 1956 zum Titel einer Fachkonferenz machte.

Warum das wichtig ist: Ein Blick in die Geschichte der KI zeigt, dass die Technologie schon früher immer wieder für große Begeisterung und Phasen des Hypes gesorgt hat. Doch es folgten auch Phasen der Ernüchterung, die heute als KI-Winter bezeichnet werden. So mutmaßten Menschen bereits in den 1960er Jahren, dass Psychotherapeuten bald durch Chatbots ersetzt werden könnten. Grund dafür war das Programm Eliza, ein früher Vorläufer von ChatGPT. Die Geschwindigkeit der Entwicklung wurde oft überschätzt.

Hintergrund: Forscher haben unterschiedliche Ansätze verfolgt, um Computern das Denken beizubringen. Die ersten Erfolge gelangen mit sogenannten Expertensystemen, in denen klar definierte Regeln festgeschrieben wurden. Maschinen, die auf solchen Systemen beruhen, entscheiden nach den von Menschen vorgegebenen Kriterien. Erst in den vergangenen Jahren haben Fortschritte bei der Entwicklung neuronaler Netze dazu geführt, dass der Ansatz selbstlernender Systeme für viele Aufgaben als überlegen gilt.

Ausblick: Experten sagen, dass wir das Potenzial einer Technologie kurzfristig oft überschätzen, während wir uns das langfristige Potenzial kaum vorstellen können. Aber auch für kurzfristige Fortschritte waren die Voraussetzungen nie so gut wie heute.

Warum wird die Technik ausgerechnet jetzt so mächtig?

Es ist ein kühler Februarmorgen. Leichter Nebel liegt über der Stadt Redmond, die gleich außerhalb der US-Küstenmetropole Seattle liegt. Wie so oft dominiert die kalte Pazifikluft das Wetter in der Stadt. Weite Grünflächen und viele Bäume prägen die Region. Hohe Douglasien und Hemlocktannen stehen neben niedrigen Rhododendren und Heidelbeersträuchern. Der See Lake Sammamish glitzert durch den Nebel. Redmond wacht gerade auf.

Hier hat der Softwarekonzern Microsoft seinen Hauptsitz. Seit die Firma hinter dem Betriebssystem Windows 1986 in der Stadt ihre Zentrale aufgeschlagen hat, ist sie immer weiter gewachsen. Heute erstreckt sich das Gelände über mehr als 130 Gebäude und der Konzern zählt mehr als 220 000 Mitarbeitende weltweit. Und es wird weiter gebaut. Asphaltierte Straßen schlängeln sich über den Campus. Etliche Wege sind gesperrt, weil neue Häuser errichtet und alte Häuser umgebaut werden.

An diesem Tag im Februar 2023 findet eine wichtige Veranstaltung in Gebäude 33 statt. In einem kleinen Konferenzsaal bauen die Fernsehteams ihre Kameras auf. Rund drei Dutzend Menschen sitzen im Raum. In vorderster Reihe nimmt die Topführungsmannschaft von Microsoft Platz.

CEO Satya Nadella tritt auf die Bühne. Der Microsoft-Chef ist gut gelaunt. »Wir stehen vor einer Innovation in rasantem Tempo. Heute geht es los. Heute beginnt das Wettrennen«, sagt Nadella und verkündet: »Wir werden vorankommen, wir werden schnell vorankommen. Wir wollen jeden Tag neue Dinge herausbringen, und vor allem wollen wir eine Menge Spaß haben.« Nadella prognostiziert eine Veränderung, die so weitreichende Folgen wie die Erfindung des Internets haben soll. Dabei geht es ihm um eine zentrale Technologie: Künstliche Intelligenz. Dank großer Fortschritte in der Entwicklung seien nun völlig neue Anwendungen möglich. Die erste Anwendung sieht er bei der Suche im Internet.

In einer Präsentation führt das Team von Nadella in einem Video eine klassische Suche nach Begriffen im Internet vor. Die Suchmaschine spuckt daraufhin eine Liste mit weiterführenden Internetseiten aus. Wer diese nutzen will, muss auf die einzelnen Seiten gehen und sich die Antwort auf seine Fragen selbst zusammensuchen.

»Heute beginnt ein neues Zeitalter der Internetsuche«, verspricht Nadella. Für die Präsentation hat das Team mehrere Beispiele ausgewählt. Eines ist die Suche nach Tipps für eine fünftägige Reise einer Familie nach Mexiko-Stadt. Eine traditionelle Internetsuche gibt eine Liste mit Tausenden Verweisen auf weiterführende Webseiten aus. Ganz anders ist die Darstellung in der um neue KI-Systeme erweiterten Internetsuchmaschine Bing. Die Liste mit Links taucht gar nicht erst auf. Dafür gibt es ein Dialogfeld, in dem Bing beauftragt wird, einen Reiseplan zusammenzustellen. Tag für Tag schlüsselt das System Sehenswürdigkeiten, Restaurants und Reisetipps auf. Der Plan lässt sich anpassen. Auf den Befehl »Mache daraus eine Reise für drei Tage«, kondensiert die Suchmaschine den Reiseplan auf nur noch drei Tage. Weitere Nachfragen lassen den Plan um besonders beliebte Orte zum Einkaufen ergänzen. Eine andere Nachfrage fügt Ausgehtipps für das Abendprogramm hinzu.

Die Technik dahinter hat nicht Microsoft alleine entwickelt. Der entscheidende Durchbruch kam von dem zunächst wenig bekannten Start-up OpenAI aus San Francisco, rund 1300 Kilometer südlich von Seattle. Dessen Co-Gründer und CEO Sam Altman tritt in Redmond auf die Bühne. »Wir alle suchen täglich viele Male nach Informationen, und Microsoft hat eine viel bessere, nützlichere und angenehmere Suchfunktion entwickelt und fertiggestellt. Ich habe das Gefühl, dass wir seit 20 Jahren darauf gewartet haben«, sagt Altman. Der Gründer schaut etwas unsicher durch den Raum. Sein Blick gleitet zu den Journalistinnen und Analysten. Dann sagt er: »Ich glaube, dass KI unser Leben fundamental verändern wird. Das ist nur eine von vielen entscheidenden Aufgaben. KI wird uns viel produktiver und unser tägliches Leben besser machen. Ich bin überzeugt davon, dass wir am Beginn einer neuen Ära stehen.«

Die beiden Spitzenmanager geben sich nahbar. Nach dem Vortrag plaudern sie im Konferenzraum noch mit dem Publikum. Nadella erzählt von seiner letzten Reise nach Indien. Altman frage ich nach einem Interview. Er entschuldigt sich und sagt, dass er zu einem Termin weiterziehen müsse. Später schreibt er mir eine E-Mail, in der er sich nochmals entschuldigt, dass die Zeit nicht für ein Interview gereicht hat. Einige Wochen später klappt es dann mit einem Gespräch in San Francisco (siehe Teil 3).

Beide Männer strahlen große Zuversicht aus. Sie sehen sich als Pioniere. Sie wollen ihre Firmen in ein neues KI-Zeitalter führen und damit gleich die Welt verändern – ganz dem Habitus der US-Technologieszene entsprechend. Beide sind selbstbewusst. Nadella hat sich als aus Indien stammender Außenseiter in den Spitzenposten bei Microsoft hochgearbeitet. Altman leitet das inzwischen wohl begehrteste Start-up der Welt.

Im Gegensatz zu anderen Spitzenmanagern der Techszene treten sie in der Öffentlichkeit zurückhaltend auf. Bei Microsoft herrschte über Jahre eine Machokultur. Nadellas Vorgänger Steve Ballmer war für seine Wutanfälle berüchtigt, bei denen er nicht nur schreien, sondern auch Gegenstände werfen konnte. Nadella hingegen gibt sich ruhig, spricht öffentlich über seine Fehler und sein Scheitern.

Bei der Präsentation im Februar 2023 zeigen sich Nadella und Altman zuversichtlich, was die Chancen der Künstlichen Intelligenz angeht. Gleichzeitig bemühen sie sich, nicht überheblich zu wirken. Der 56 Jahre alte Microsoft-Chef Satya Nadella hat sein gesamtes Unternehmen auf die Partnerschaft mit OpenAI ausgerichtet. Der Softwarekoloss Microsoft mit seinen rund 220 000 Mitarbeitenden setzt mit ganzer Kraft auf die Jungfirma OpenAI mit ihren zunächst nur gut 200 Beschäftigten.

Microsoft integriert die Technik von Sam Altman und seinem Team in alle Produkte. In der Textverarbeitung Word werden ganze Aufsätze per KI geschrieben. Die Präsentationssoftware PowerPoint erstellt passende Folien mit KI-generierten Bildern. Der Konferenzdienst Teams fertigt Mitschnitte von Videoschalten, produziert daraus Protokolle und wertet Gespräche nach zentralen Beschlüssen aus. Nie wieder muss ein Mensch lästige Gesprächsprotokolle anfertigen, so lautet eines der Versprechen.

Noch kurz zuvor waren Rechtschreibprogramme daran gescheitert, Tippfehler in Texten zuverlässig zu erkennen. Nun schreiben Algorithmen ganze Aufsätze. Und das grammatikalisch korrekt, inhaltlich überzeugend und auf Englisch, Deutsch oder Japanisch. Aber warum? Wie sind die Systeme dazu in der Lage? Und warum schaffen sie diese Leistung genau zu diesem Zeitpunkt?

Das Erfolgsrezept: Daten, Rechenleistung, neue Modelle

Der Grund sind Fortschritte in drei zentralen Bereichen, die parallel abgelaufen sind: Die Innovationen stützen eine riesige Menge an Daten, gewaltige Rechenleistung und neue Modelle.

Wir alle produzieren so viele digitale Daten wie noch nie zuvor. Wir fotografieren mit unseren Smartphones und laden die Fotos auf Social-Media-Plattformen hoch. Wir schreiben E-Mails, kaufen und verkaufen Produkte im Internet und treffen uns zu virtuellen Veranstaltungen. Ein Großteil des Arbeitsalltags stützt sich heute auf digitale Kommunikation. Das gilt sowohl für die sogenannten Wissensarbeiter, die viel vor dem

Computer sitzen, als auch für andere Berufe wie Beschäftigte in Fabriken und Lagerhallen, in denen Roboter und Sensoren jeden Arbeitsschritt erfassen. All diese Daten können als Trainingsmaterial für moderne KI-Systeme genutzt werden.

Dafür können heute immer bessere Hochleistungscomputer eingesetzt werden. Die Rechenleistung der besten Computer nimmt Jahr für Jahr zu. Das lässt sich schon an der Größe leistungsfähiger Computer beobachten. Die ersten Computer haben noch große Räume ausgefüllt. Heute sind moderne iPads so leistungsfähig, dass sie es noch vor 30 Jahren in die Top Ten der Superrechner weltweit geschafft hätten. Das heißt auch: Obwohl es in den 1960er Jahren schon viele der Ideen gab, die heute mit KI-Modellen umgesetzt werden können, wäre es damals unmöglich gewesen, sie zu implementieren. Dazu war die Rechenleistung viel zu begrenzt.

Zudem sind leistungsfähige Chips immer kleiner geworden. Jahrzehntelang galt für die Chipherstellung die simple Regel des Gordon Moore. Der Chemiker und Physiker war Mitgründer des heute weltgrößten Halbleiterherstellers Intel. Im April 1965 formulierte er in der Zeitschrift *Electronics* mit Blick auf die bisherige Entwicklung eine Prognose, die verblüffende 50 Jahre lang Gültigkeit behalten sollte: Moore stellte fest, dass sich die Anzahl der Schaltkreiskomponenten auf einem integrierten Schaltkreis jedes Jahr verdoppele, und prognostizierte, dass das erst einmal so weitergehen werde. Später korrigierte er die Zeitspanne auf zwei Jahre.

Moore ist einer der wichtigsten Pioniere, die das Silicon Valley überhaupt erst möglich gemacht haben. Sein Vater war Sheriff in San Mateo, südlich von San Francisco. Moore begeisterte sich seit seinem ersten Chemiebaukasten früh für Chemie. An der Hochschule verfolgte er dieses Interesse weiter und promovierte 1954 in Chemie. Sein Fachwissen nutzte er für die Entwicklung früher Computerchips.

Die USA befanden sich in dieser Zeit zu Beginn des Kalten Krieges. Die US-Regierung in Washington steckte Geld und Ressourcen in das Ziel, die Sowjetunion auch technologisch als Rivalen abzuhängen. Halbleiter spielten dabei eine zunehmend wichtige Rolle. Moore heuerte bei den ersten Firmen der Branche an. Der Durchbruch kam, als er 1968 mit seinem Kollegen Robert Noyce die Firma Intel in Santa Clara gründete. Der Konzern wurde zum Inbegriff der Chipindustrie und war einer der Gründe, dass Journalist Don Hoefler in Anlehnung an das Silizium in den Halbleitern den Begriff »Silicon Valley« als Namen für die Region prägte.

Intel wurde global zum Synonym für immer leistungsfähigere Computer. Unter Moores Führung etablierte sich die Firma als einer der weltweit führenden Hersteller von Mikroprozessoren und anderen Halbleiterprodukten. Über Jahrzehnte trieb Intel die Innovationen der Branche voran. In den letzten Jahren hat sich jedoch ein neues Unternehmen den Spitzenplatz unter den Chipfirmen erkämpft: Nvidia. Der Erfolg der Firma ist eng verknüpft mit dem ungewöhnlichen Lebensweg von dessen Gründer Jensen Huang.

Jensen Huang: Der Architekt der Turbochips für Künstliche Intelligenz

Jen-Hsun Huang, der sich von allen nur Jensen nennen lässt, hat einen völlig anderen Lebensweg als die meisten Pioniere im Silicon Valley. Er wurde 1963 auf Taiwan geboren. Seine Eltern arbeiteten später in Thailand. Dort kam es Anfang der 1970er Jahre zu Unruhen. Seine Eltern entschieden, den damals neun Jahre alten Jen-Hsun und seinen ein Jahr älteren Bruder zu ihrem Onkel zu schicken, der kurz zuvor in die USA emigriert war. Dieser wählte ein Internat für die Jungen aus. Der mit den USA wenig vertraute Onkel entschied sich für das Oneida Baptist Institute in den Bergen von Kentucky in dem Irrglauben, die beiden an eine renommierte Schule zu schicken.

Die Schule war jedoch kein gewöhnliches Internat. Sie war eine Einrichtung, die sich auf straffällig gewordene Jugendliche konzentrierte. Huang spricht heute kaum noch über die Zeit. 2014 gibt er dem Filmemacher Parker Malachowsky einen seltenen Einblick in seine Jugendjahre. »Ich merkte schnell, dass dies keine gewöhnliche Schule war«, sagt Huang in dem Dokumentationsfilm. Er sei einem Zimmergenossen zugeteilt worden, der nicht sein Alter hatte, sondern 17 Jahre alt war. »Er kam gerade aus dem Krankenhaus. Er war in einen Kampf geraten und hatte sieben Stichverletzungen. Das andere Kind war in dem Kampf ums Leben gekommen«, erzählt Huang. Die Zeit an der Schule sei von harter Arbeit geprägt gewesen, dennoch habe er sie genossen.

Als seine Eltern später in die USA nachzogen, ließ sich die Familie in Oregon nieder. Jensen übersprang an der High School im Ort zwei Klassen und begann mit 16 Jahren sein Studium des Elektroingenieurwesens an der Oregon State University. Anschließend stieg er in die Chipindustrie im Silicon Valley ein und arbeitete bei dem Intel-Rivalen Advanced Micro Devices (AMD), bevor er 1993 mit zwei Partnern die Firma Nvidia gründete.

Die Chips von Intel galten zu dieser Zeit als die besten der Welt. Sie zeichneten sich dadurch aus, dass sie eine große Bandbreite an Aufgaben ausführen konnten. Huang wählte eine andere Strategie. Er entwickelte eine neue Generation von Chips, die zwar nicht alle Aufgaben gut ausführen können, dafür aber besondere exzellent: spezielle Grafikchips für Computerspiele.

Diese GeForce-Grafikkarten waren so leistungsstark, dass Nvidia damit die Grundlagen für eine neue Generation grafisch anspruchsvoller Computerspiele legte. Darüber hinaus interessierte sich jedoch lange niemand für diese speziellen Chips. Das änderte sich mit dem neuen Jahrtausend. Denn die Spezialchips von Nvidia stellten sich als besonders leistungsfähig für Anwendungen im Bereich der Künstlichen Intelligenz heraus.

Der Grund für diese Beschleunigung ist die Art und Weise, wie Berechnungen auf den Grafikprozessoren ablaufen. Computerchips von Firmen wie Intel eignen sich vor allem für lange und komplexe Rechenketten, bei denen die einzelnen Schritte voneinander abhängig sind und nacheinander durchgeführt werden müssen. Die Grafikprozessoren (GPUs) sind hingegen darauf spezialisiert, sehr, sehr viele einfache und identische Gleichungen parallel zu berechnen. Deshalb ist es für KI-Entwickler viel effizienter, auf GPUs zu setzen.

Der Unterschied lässt sich mit zwei Teams innerhalb einer Firma vergleichen. Die Intel-Chips entsprechen einem Team von Generalisten, die nahezu jede Aufgabe lösen können. Sie sind sehr anpassungsfähig. Keine Aufgabe ist ihnen zu abwegig. Dafür brauchen sie Zeit. Sie müssen sich immer wieder in neue Themen hineindenken. Dem gegenüber stehen die Grafikchips von Nvidia, die eher einem Team von absoluten Spezialisten entsprechen. Sie sind Profis darin, ganz besondere Aufgaben schnell zu lösen. Sie teilen sich Projekte auf und arbeiten alle Probleme parallel ab. Das macht ihre Arbeit sehr schnell. Dafür sind sie nur in der Lage, ganz bestimmte Probleme zu lösen.

Dem zweiten Prinzip folgten die Grafikchips von Nvidia. Ich erinnere mich noch, wie ich mir als Schüler für meinen Computer zu Hause meine erste GeForce-Grafikkarte kaufte. Plötzlich wurden die Spiele auf dem Rechner viel beeindruckender. Die Auflösung wurde besser. Die Grafikkarte hatte den Rechner aufgewertet – allerdings nur für den Einsatz als Spielecomputer.

Huang hatte von Anfang an auf die Spezialfähigkeiten seiner Chips gewettet. Er ging davon aus, dass der Bereich der Computerspiele und Grafikanwendungen Nvidia langfristig ein gutes Wachstum bescheren würde. Der zusätzliche Erfolg bei Anwendungen im Bereich der Künstlichen Intelligenz war ein

Zufall. Er machte Nvidia innerhalb weniger Jahre zum wertvollsten Chipkonzern der Welt. An der Börse war Nvidia im Dezember 2023 rund 1,2 Billionen US-Dollar wert. Intel kam zum gleichen Zeitpunkt auf eine Marktkapitalisierung von gerade einmal rund 190 Millionen Dollar. Anders ausgedrückt: Der einstige Jungkonzern Nvidia hatte den ehemaligen Branchenprimus um den Faktor sechs bei der Bewertung überholt.

An den Chips von Nvidia kommt derzeit niemand vorbei, der im großen Stil Künstliche Intelligenz einsetzen will. Die Großbank Citi schätzt den Marktanteil von Nvidia-Chips in dem Bereich auf mindestens 90 Prozent. Aber viele Daten und leistungsfähige Chips alleine wären noch nicht ausreichend gewesen, um die leistungsfähigen neuen KI-Anwendungen möglich zu machen. Es fehlte noch eine entscheidende Komponente.

Ein neuer Umgang von Maschinen mit Sprache

Von Mountain View im Zentrum des Silicon Valley führen kurvige Straßen hinauf in die von riesigen Redwood-Bäumen bewachsenen Berge. Der Weg wird immer schmaler und mündet in eine Schotterpiste. Schließlich taucht auf dem Gipfel ein weißer Flachbau auf, umgeben von den für Nordkalifornien üblichen dichten Wäldern. »Hallo«, begrüßt mich Richard Socher. Die Villa auf dem extravaganten Grundstück ist sein Zuhause.

Der gebürtige Dresdener war nach seinem Masterstudium in die USA gezogen, um an der Stanford University die Grundlage der Künstlichen Intelligenz zu erforschen. Sein Spezialgebiet ist die Computerlinguistik. In Stanford forschte er gemeinsam mit dem renommierten Professor Christopher Manning daran, Computern das Analysieren und Verstehen von menschlicher Sprache beizubringen. Manning hat Werkzeuge entwickelt, die Computern beibringen können, wie Wörter und Sätze in der menschlichen Sprache zusammenpassen. Diese Methoden und

Werkzeuge sind Teil eines Forschungsbereichs namens Natürliche Sprachverarbeitung (Natural Language Processing, NLP).

Traditionelle Ansätze in der Computerlinguistik versuchten, den Maschinen menschliche Sprache über Regeln beizubringen. Die Konzepte gingen davon aus, dass Maschinen ähnlich wie Studierende einer neuen Sprache zunächst die Grammatik und Wörter lernen müssen, um sich damit letztlich die ganze Sprache erschließen zu können. Der Prozess führte zu einem riesigen Werk an unterschiedlichen Regeln. Manning, Socher und das Team an der Stanford University wählte einen anderen Weg. Sie setzten auf neuronale Netze.

Der besondere Ansatz von Manning, Socher und ihrem Team war es, neuronale Netze für die Auswertung großer Mengen an Sprachdaten zu nutzen. »Dafür wurden wir von anderen Computerlinguisten ausgelacht. Sie hielten den Ansatz für komplett falsch«, erinnert sich Socher heute. »Aber unser Ansatz hat sich durchgesetzt. Er war einfach besser.« Das Team in Stanford konnte gewaltige Erfolge erzielen. Ihr System war dank des neuen Ansatzes nicht darauf angewiesen, dass sie jedes spezielle Konstrukt einer Sprache zunächst über konkrete Regeln beigebracht bekamen. Auf Grundlage von Wahrscheinlichkeitsberechnungen und Mustererkennung konnten sie auch Feinheiten und Ambiguitäten der menschlichen Sprache erkennen, an denen traditionelle Ansätze scheiterten.

Das Team in Stanford hatte jedoch ein Problem: Die Analyse der Sprachdaten erforderte viel Rechenleistung und viel Zeit. Das Team setzte zunächst auf klassische Computerchips wie die von Intel. Aber diese waren für die besonderen Aufgaben der Sprachanalyse nicht perfekt geeignet. Das Team experimentierte herum und setzte schließlich probeweise die Grafikchips von Nvidia ein. Diese stellten sich überraschenderweise als besonders leistungsfähig heraus. »Die Anwendungen wurden plötzlich um den Faktor 20 schneller«, erzählt Jensen Huang bei einem Vortrag an der Stanford University. Es war der Beginn für Nvidias Aufstieg zum wichtigsten Chipkonzern der Welt.

Ein Team von Google griff die Forschungen von der Stanford University auf, um ein praktisches Problem zu lösen. Google wollte Texte zwischen verschiedenen Sprachen übersetzen. Aber die Algorithmen scheiterten oft daran, dass sich bestimmte Begriffe nicht direkt aus einer Sprache in eine andere übertragen lassen. Wenn beispielsweise der Begriff Europäische Union vom Deutschen in das Französische übersetzt werden soll, wäre es falsch, die Worte einzeln zu übertragen. Die korrekte Übersetzung ist Union Européenne und eben nicht »Européenne Union«.

Übersetzungen zwischen unterschiedlichen Sprachfamilien sind oft noch viel komplizierter. In der chinesischen Sprache spielen Partikel eine große Rolle, die es so weder in der deutschen noch in der französischen Sprache gibt. Der Satzbau ist daher in der chinesischen Sprache oft komplett anders. Wer schon einmal bei einem Simultanübersetzer zwischen Deutsch und Chinesisch aufgepasst hat (und des Chinesischen mächtig ist), dem fällt schnell eine Besonderheit auf. Der Dolmetscher muss beim Übertragen eines Satzes aus dem Chinesischen in das Deutsche meist bis ganz zum Ende warten. Denn ein besonderer Partikel kann die gesamte Bedeutung eines Satzes verändern.

Dieser Schritt ist schon für uns Menschen nicht leicht zu erlernen. Für Maschinen ist diese Aufgabe jedoch noch schwerer zu lösen. Das Team von Google erfand dafür einen Trick. Es brachte den Algorithmen bei, nicht länger direkt Worte zwischen verschiedenen Sprachen zu übertragen, sondern einen Satz als Ganzen zu übersetzen und dabei den Kontext zu behalten. Die Technologie dahinter heißt Transformer. Sie ist der Baustein, auf dem alle neuen KI-Modelle beruhen. Das Team von Sam Altman bei OpenAI hat eine ganze Generation dieser Modelle geschaffen. Sie tragen die Transformer-Technik, auf der sie beruhen, bis heute im Namen: GPT-3, GPT-3.5 oder GPT-4. Die

Abkürzung GPT steht für Generative Pre-Trained Transformer. Viele große Technologiefirmen haben eigene Modelle entwickelt. Beim Google-Mutterkonzern Alphabet heißen sie Palm oder Gemini, beim Facebook-Mutterkonzern Meta heißen sie Llama. Sie alle sind erst dank der Transformer-Technologie möglich.

Der entscheidende Durchbruch

Aidan Gomez trägt einen schwarzen Kapuzenpulli mit dem Schriftzug »Do it, nothing is impossible« (auf Deutsch: »Tu es, nichts ist unmöglich«). In seinem Hotelzimmer hat er sich auf einen weichen Stoffsessel fallen lassen. Vor dem Fenster sind die Hochhausschluchten von San Francisco zu sehen. Gomez ist Ehrengast bei der jährlichen Kundenkonferenz des Technologieunternehmens Salesforce. Im September 2023 präsentiert das Unternehmen von Gründer Marc Benioff Gomez und sein Team als Vorreiter im Bereich Künstliche Intelligenz. Die Fachexpertise und Technologie dafür kommen vor allem von Gomez und seinem Team. Es sei schon verrückt, dass er heute hier sitze, sagt Gomez und lacht. »Ich bin mitten in einem Wald von Ahornbäumen im ländlichen Kanada aufgewachsen«, sagt er. »Wir hatten furchtbar schlechtes Internet. Aber das war mein Glück.« Seine Freunde, die in Städten wohnten, konnten online mit ihrem Computer spielen oder sich Videos im Stream anschauen. Mit einer schwachen Internetverbindung auf dem Land war Gomez davon abgeschnitten. »All das war außerhalb meiner Reichweite. Das machte es noch interessanter. Ich entwickelte eine Obsession für Computer«, sagt Gomez.

Die Computerwissenschaften ließen ihn nicht los. Zum Studium ging er an die University of Toronto. Es war für ihn die nächstgelegene Hochschule. Gleichzeitig lehrte hier einer der angesehensten KI-Forscher der Welt: Geoffrey Hinton. »Er hat eine ganze Generation von KI-Forschenden geprägt«, sagt

Gomez. Wie Professor Manning an der Stanford University in Palo Alto beschäftigte sich Professor Hinton in Toronto mit der Frage, wie Computer immer komplexere Aufgaben lösen können. Hintons Weg konzentrierte sich auf die Verbesserung von neuronalen Netzen. Mit diesem Wissen bewarb sich Gomez für ein Praktikum beim KI-Team von Google.

Dort stieß er auf andere Forscher, die an einem System arbeiteten, um Übersetzungen besser zu machen – Transformer. Das Team bestand aus Gomez und sieben weiteren Experten. Sie waren so stolz auf ihre Lösung, dass sie sie im Jahr 2017 als Forschungspapier veröffentlichten. Der Titel lautete *Attention is All You Need*, auf Deutsch etwa »Aufmerksamkeit ist alles, was du brauchst«. Es war eine Anspielung auf den Titel des berühmten Beatles-Songs *All You Need is Love.* Ein Schlüssel der Technologie bestand darin, dass der Algorithmus Aufmerksamkeit auf ganze Sätze und Absätze legen konnte.

Der besondere Ansatz des Transformer-Modells von Gomez und seinen Kollegen ist der sogenannte Aufmerksamkeitsmechanismus. Traditionelle neuronale Netze haben Informationen meist entlang einer klaren Reihenfolge abgearbeitet. Der Aufmerksamkeitsmechanismus macht es hingegen möglich, dass die Systeme zwischen verschiedenen Teilen eines Textes hin und her springen. Dadurch können bestimmte Informationen stärker gewichtet und weniger relevante Teile von einem Text ignoriert werden. Das Modell macht es möglich, ein einzelnes Wort innerhalb eines Textes auf Basis seiner weiten Umgebung zu erfassen und nicht nur basierend auf den wenigen Worten davor oder danach.

Das System lässt sich mit zwei Bibliothekaren vergleichen. Beide haben Zugriff auf eine riesige Menge an Büchern. Das traditionelle Modell ähnelt einem Bibliothekar, der jedes Buch nacheinander durchliest, um eine bestimmte Frage zu beantworten. Der »aufmerksame« Bibliothekar ist hingegen in der Lage, sich stärker daran zu erinnern, wo wichtige Informationen in der gesamten Bibliothek zu finden sind. Wenn Sie ihm eine Frage stellen, muss er nicht Tausende Bücher lesen, sondern kann sofort zu bestimmten Stellen in einem bestimmten Buch springen. Das macht die Antworten oft relevanter und die Beantwortung von Fragen wesentlich schneller.

Google war zum Zeitpunkt, als das Forschungspapier 2017 erschien, der dominante Konzern für das Thema Künstliche Intelligenz. Aber Google zögerte mit der Umsetzung. Zwar gab es intern bereits erste Sprachmodelle. Aber der Konzern haderte lange, diese auch öffentlich verfügbar zu machen. Von den acht Autoren des zukunftsweisenden Forschungspapiers arbeitet heute niemand mehr bei Google. Gomez ist heute CEO des kanadischen KI-Start-ups Cohere, mit dem er unter anderem Google herausfordert.

Gomez' Forschungspapier hat eine ganze Generation von KI-Firmen überhaupt erst möglich gemacht. Die einflussreichste davon heißt OpenAI und hat ihren Hauptsitz nur wenige Kilometer von Gomez' Hotelzimmer entfernt. Auch wenn OpenAI ein Rivale von Cohere ist, hat Gomez nur Positives über den Wettbewerber zu sagen. »Sie sind großartig«, schwärmt er. CEO Sam Altman und sein Team hätten es geschafft, Künstliche Intelligenz einem Milliardenpublikum zugänglich zu machen.

Die Anfänge von OpenAI

Im Juli 2015 kam eine Gruppe von Technologieexperten zu einem Abendessen in der Stadt Menlo Park im Zentrum des Silicon Valley zusammen. Zu dem Treffen hatte Sam Altman eingeladen. Er selbst leitete zu diesem Zeitpunkt den Y Combinator. Die Organisation galt als die wichtigste Start-up-Schmiede der Welt. Für Altman war Künstliche Intelligenz das Thema der Zukunft. Aber er betrachtete Google mit Sorge. Die Firma galt als führend im Bereich KI. Altman befürchtete, dass Google die Forschung zu Künstlicher Intelligenz dominieren und direkt für die kommerziellen Zwecke des Konzerns nutzen würde. Er wollte hingegen eine Forschung aufbauen, die allen offenstehen sollte.

Für das Projekt holte sich Altman prominente Unterstützer. Einer von ihnen war Elon Musk. Dieser war schon damals einer der einflussreichsten Gründer in der Technologielandschaft. Als Chef führte er den E-Autobauer Tesla und arbeitete mit dem Raketenunternehmen SpaceX daran, nicht nur dank wiederverwertbarer Raketen die Raumfahrt zu beleben, sondern gleich den Mars zu besiedeln.

Altman lud außerdem mehrere Fachexperten für das Thema Künstliche Intelligenz ein. Dazu zählte Greg Brockman, der selbst eine KI-Firma gründen wollte und dazu bereits mit Altman im Austausch stand, aber auch Ilya Sutskever, der zu diesem Zeitpunkt für Google arbeitete. »Jeder von uns kam mit seinen eigenen Ideen zum Abendessen, aber Elon und Sam hatten eine klare Vision vom Aufbau einer sicheren KI in einem Projekt, das der Menschheit zugutekommen sollte«, erinnerte sich später Brockman. Das Ganze folgte dem im Silicon Valley oft wiederholten Mantra, die Welt zu einem besseren Ort machen zu wollen. Dass zu diesem Zeitpunkt vermutlich alle Beteiligten auch darauf hofften, mit der Idee reich zu werden, wurde hingegen wohl kaum ausgesprochen.

Am Ende des Essens stand ein Plan. Eine neue Firma sollte aufgebaut werden, die sich ganz auf KI konzentrieren und mit einem offenen, transparenten Ansatz als Gegenmodell zu Google fungieren sollte. Das Tagesgeschäft sollten Brockman und Sutskever übernehmen. Altman und Musk wollten sich im Hintergrund halten und finanziell mithelfen.

Innerhalb weniger Monate suchten sich Brockman und Sutskever ein Team zusammen. Altman und Musk warben um finanzielle Unterstützer und steckten selbst eigenes Geld in das Projekt. Am 10. Dezember wurde OpenAI in San Francisco gegründet, mit einer Finanzzusage von einer Milliarde US-Dollar. Neben Altman und Musk steuerten auch Menschen wie der LinkedIn-Gründer Reid Hoffman, die Investorin Jessica Livingston und der in Deutschland geborene PayPal-Gründer Peter Thiel Geld bei.

OpenAI löste seinen eigenen Anspruch, ein ganz anderes Unternehmen zu sein als Google, zumindest strukturell ein. Eine gemeinnützige Stiftung sollte die Projekte von OpenAI kontrollieren. Die Ergebnisse der Forschungen sollten offen sein. »Deswegen haben wir auch den Namen gewählt«, sagte Elon Musk zur Wahl des Begriffes »Open«, also offen, im Namen von OpenAI.

Anfangs ließen sich Musk und Altman wöchentlich über die Fortschritte bei OpenAI berichten, zogen sich dann jedoch weitgehend aus dem Tagesgeschäft zurück. OpenAI genoss in Fachkreisen einen guten Ruf, darüber hinaus war die Firma aber zunächst kaum bekannt.

Im Jahr 2018 kam es dann zum ersten großen Richtungsstreit. Elon Musk machte Druck. Google hatte mit dem Transformer-Papier im Jahr zuvor einen wichtigen Durchbruch erzielt. OpenAI hatte wenig vorzuweisen. Musk zog sich aus dem Unternehmen zurück. Öffentlich begründete er den Schritt damit, dass sich Tesla immer stärker auf Künstliche Intelligenz konzentrierte und er nicht in zwei konkurrierenden Firmen gleichzeitig aktiv sein wollte.

OpenAI schien in eine Sackgasse zu geraten. In dieser Situation schaltete sich Sam Altman ein. Er gab seinen Job bei Y Combinator auf, um bei OpenAI den Chefposten zu übernehmen. Und er baute die Firma radikal um. Neben der gemeinnützigen Stiftung wurde eine profitorientierte Tochtergesellschaft aufgebaut. Diese ging direkt eine Partnerschaft mit Microsoft ein. Der Windows-Konzern brachte frisches Kapital in Form eines eine Milliarde Dollar schweren Investments mit.

»Wir hatten keine Wahl«, sagte Altman später. OpenAI habe einfach nicht allein mit Google konkurrieren können. Fürs Trainieren mächtiger KI-Systeme seien starke Rechenkapazitäten nötig gewesen. Und diese habe OpenAI einfach nicht gehabt, während Google überall auf der Welt Rechenzentren und Zugriff auf Supercomputer habe.

Mit dieser Argumentation macht es sich Altman zu leicht. Natürlich brauchte er Geld, um das Projekt weiter voranzutreiben. Aber die starke Abhängigkeit von einem einzigen Investor und der Aufbau eines kommerziellen Geschäftes waren dennoch eine klare strategische Entscheidung von Altman und kein unausweichlicher Schritt. Die Entscheidung für das Investment und den Umbau der Struktur von OpenAI führte im November 2023 zum erbitterten Streit, an dem die Firma beinahe zerbrochen wäre – dazu später mehr.

Microsoft brachte OpenAI nicht nur Geld, sondern auch einen unmittelbaren Zugriff auf die eigenen Rechenserver mit. Das Team von OpenAI konnte die Hochleistungscomputer von Windows nutzen, um die eigenen Systeme zu verfeinern und das Wettrennen mit Google wieder aufzunehmen.

Der erste Durchbruch kam im Jahr 2019. OpenAI stellte das Textmodell GPT-2 vor. Auf Kommando konnte das System aus wenigen Worten einen ganzen Satz, einen Absatz oder mehrere Absätze formulieren. Bei längeren Texten scheiterte das System jedoch oft. Und je länger die Texte wurden, desto stärker entfernte sich das System von dem ursprünglichen Kommando. Schon im darauffolgenden Jahr stellte OpenAI die Nachfolgeversion GPT-3 vor. Das System war auf Basis einer viel größeren Menge an Daten trainiert worden. GPT-2 basierte auf 1,5 Milliarden Parametern, bei GPT-3 waren es schon 175 Milliarden.

Parameter sind bei KI-Systemen eine wichtige Einheit. Moderne KI-Systeme sind ein Teil eines Bereichs der Computerwissenschaften, der Maschinelles Lernen genannt wird. Das

Besondere daran ist, dass Computersysteme dabei in der Lage sind, aus Daten Muster zu erkennen oder Vorhersagen zu treffen. Dabei müssen sie dafür nicht extra programmiert werden.

Ein System kann beispielsweise eine persönliche Handschrift erkennen lernen. Dazu wird es mit einer Vielzahl von mit genau dieser Handschrift geschriebenen Wörtern gefüttert. Daraus erstellt das System Regeln. Die internen Einstellungen des Systems werden dabei Parameter genannt. Beim Training werden die Parameter schrittweise erstellt und angepasst. Die Parameter können dem Computer beispielsweise sagen, welche Merkmale ein bestimmter Buchstabe in dieser Handschrift hat. Die Zahl der Parameter kann daher ein wichtiger Indikator für die Detailtiefe oder Kapazität eines Modells sein. Im besten Fall lässt sich damit sogar die unleserlichste Handschrift dank Künstlicher Intelligenz entschlüsseln.

Die modernsten Modelle von Firmen wie OpenAI, Google oder Meta sind mit einer gewaltigen Menge an Daten trainiert worden. Alle Unternehmen machen ein Geheimnis daraus, welche Daten sie genau genutzt haben. Experten wie Haomiao Huang von der Wagniskapitalgesellschaft Kleiner Perkins gehen davon aus, dass die Firmen so ziemlich alle verfügbaren Daten im Internet genutzt haben. Es laufen bereits etliche Gerichtsverfahren, weil unter diesen Daten auch viel urheberrechtlich geschütztes Material sein dürfte.

Dieser gewaltige Schatz an Daten, gepaart mit den leistungsfähigen Modellen, hat viel mehr ermöglicht, als nur auf Kommando Texte zu erstellen oder Texte zu verändern. Die bei Google entwickelte Transformer-Technologie fungiert als Bindeglied, um Zusammenhänge zu erfassen und zu behalten. In der Praxis bedeutet das, dass die Modelle nicht nur Texte schreiben und Hunde sowie Katzen auf Bildern erkennen können, sondern auch Bilder erschaffen. Wieder sind die Transformer der Schlüssel dazu. Ein Bild besteht mitunter aus Millionen von einzelnen farbigen Pixeln. Ein Werk entsteht erst, wenn alle diese Pixel zusammenpassen. Und genau das leisten die modernen Systeme.

Der besondere Leistungssprung liegt darin, dass es nicht mehr Menschen waren, die den Computern jeden Schritt beigebracht haben. Sondern es waren die Computer selbst, die sich aus einer riesigen Menge an Daten die nötigen Zusammenhänge erschlossen. Aber ganz ohne den Menschen geht es nicht. Als Sam Altman darauf angesprochen wurde, was OpenAI denn so viel besser als alle Konkurrenten gemacht habe, verwies er auf den Faktor Mensch. »Wir trainieren die Modelle mit einer großen Menge an Daten«, sagte Altman im Gespräch mit dem KI-Wissenschaftler Lex Fridman. Aber nach dem ersten Trainingsprozess mit großen Datenmengen seien die Modelle noch nicht fertig. »Sie können faszinierende Dinge erschaffen, sind aber sehr schwer nutzbar.«

Die Lösung von OpenAI war der Einsatz von Menschen, die die Ergebnisse der Modelle prüfen. »Die einfachste Version besteht darin, zwei Ergebnisse zu zeigen und zu fragen, welches besser ist als das andere«, sagt Altman in dem Gespräch. Beispielsweise kann das Modell aufgefordert werden, einen Witz zu verfassen. Der menschliche Trainer entscheidet dann, welche Antwort lustiger ist. Die Leistung des Modells entsteht aus der gewaltigen Menge an Rückmeldungen, die das System erhält und auf deren Grundlage es immer wieder seine Ergebnisse anpasst.

Dabei gehe es auch darum, möglichst ausgewogene Antworten zu geben. »Auf die Frage, ob das Coronavirus aus einem Labor ausgebrochen ist, erwarte ich eine ausgewogene Antwort«, sagt Altman. Was er an dieser Stelle jedoch nicht verriet, waren die Methoden, mit denen OpenAI es schaffte, unerwünschte Antworten zu verhindern. Das Magazin *Time* kam mit einer umfangreichen Recherche dahinter. Demnach nutzte OpenAI für die aufwendige Arbeit das Dienstleistungsunternehmen Sama. Die Firma hat zwar ihren Hauptsitz in San Francisco. Sie beschäftigt jedoch viele Menschen nicht in den USA, sondern in Kenia, Uganda und Indien. Weniger als zwei Dollar pro Stunde verdienten einige der Beschäftigten in Kenia, während sie die Systeme für OpenAI trainierten. Clickworker, also Klickarbeiter, werden diese Menschen häufig genannt. Denn sie werden oft pro Klick beziehungsweise nach geleisteter Arbeit bezahlt. Ist die Antwort richtig, Ja oder Nein? Klick. Ist dieser Inhalt zulässig, Ja oder Nein? Klick. Ist Antwort A oder Antwort B lustiger? Klick.

Vor allem Unternehmen aus dem Silicon Valley mit milliardenschweren Börsenbewertungen greifen gerne auf Arbeitskräfte in Billiglohnländern zurück. Dazu zählt auch der Facebook-Konzern Meta. Er lässt Klickarbeiter Hassrede, Gewalt oder Missbrauch von seinen Plattformen löschen. Ein Arbeiter sagte den *Time*-Journalisten, er habe Albträume, weil er im Zuge seiner Arbeit furchtbare Texte habe lesen müssen. Bilder und Videos, die Menschen beim Geschlechtsverkehr mit Tieren zeigten, hätten ihn traumatisiert. Die Firma Sama betont hingegen, ethische Standards hätten höchste Priorität. Das Unternehmen habe geholfen, mehr als 50 000 Menschen aus der absoluten Armut zu holen.

Ausgerechnet schlecht bezahlte Menschen müssen die psychisch belastende Arbeit leisten, die moderne, leistungsfähige KI-Systeme erst möglich macht. Denn auch das gehört zur Wahrheit: Trotz all ihrer gewaltigen Leistung sind die Systeme noch nicht in der Lage, komplett ohne menschliche Unterstützung auszukommen. Gleichzeitig gehört zur Wahrheit, dass OpenAI zwar als Gegenmodell zu Google gegründet wurde, die Firma sich aber im Umgang mit gering qualifizierten und schlecht bezahlten Arbeitskräften ähnlich verhält wie viele andere Unternehmen im Technologiesektor. Wer bei OpenAI, Meta oder der Google-Muttergesellschaft Alphabet arbeitet, bekommt sehr hohe Gehälter. Das Medianeinkommen bei Meta lag 2022 bei

300 000 US-Dollar im Jahr – kostenloses Essen auf dem Firmencampus inklusive. Wenn es aber um externe Arbeitskräfte in Kenia oder anderen Ländern geht, schauen die Firmen nicht so genau hin, unter welchen Bedingungen die Leistungen erbracht werden. Das Ziel der Technologiefirmen ist vielmehr, die an Menschen ausgelagerten Jobs überflüssig zu machen. Es sei nur noch eine Frage der Zeit, bis ein modernes Sprachmodell seinen eigenen Nachfolger erschaffen könne, verspricht Altman 2023.

Schon jetzt nimmt die Zahl per KI generierter Texte im Internet stark zu. GPT-4 könnte schon heute mit Artikeln trainiert worden sein, die mithilfe von GPT-3 erstellt wurden. Die Technik ist auch dank des Trainings von Menschen heute so gut, dass ihre Ergebnisse kaum noch von menschlichen Produkten zu unterscheiden sind. Viele Schulaufgaben lassen sich per Textroboter ChatGPT lösen. Ganze Aufsätze werden mit GPT-4 geschrieben.

Doch Texte sind nur der Anfang. Andere Systeme sind in der Lage, Bilder zu erschaffen. Schon 2019 nutzte der Programmierer Philip Wang ein KI-System, um Porträtfotos zu erstellen, ohne eine Kamera zu benutzen. Das Ergebnis war das Projekt »This Person Does Not Exist«, auf Deutsch: »Diese Person existiert nicht«. Per Klick wurde auf einer Website ein Porträtfoto von einer Person erstellt, die es gar nicht gibt. Wang ging es dabei um eine technische Demonstration. Er wollte der Welt vorführen, dass KI-Systeme täuschend echte Bilder produzieren können.

Anfangs hatte das System noch viele Grenzen. Die eine Gesichtshälfte unterschied sich von der anderen. Ohrringe und Brillen waren deformiert. Oder die Hintergründe passten nicht. Jahr für Jahr wurde das System besser. Heute sind die Bilder fast gar nicht mehr von ganz normalen Porträtfotos einer Digitalkamera zu unterscheiden. Die Technik hat sich so stark verbessert, dass KI-Systeme nicht nur Fotos erstellen, sondern auch bestehende Fotos verändern können. Wie würde etwa das

Porträt der Mona Lisa von Leonardo da Vinci aussehen, wenn Angela Merkel Modell gestanden hätte? Die KI generiert ein entsprechendes Gemälde innerhalb von Sekunden. Per KI lässt sich das Bild auch erweitern, es können etwa weitere Personen in das Gemälde eingefügt werden.

Doch da enden die Möglichkeiten noch nicht. Per KI lassen sich auch Musik und Geräusche verstehen und verändern. Seit Jahren arbeiten Firmen daran, gesprochene Sprache in Text zu übersetzen. Die modernen KI-Systeme haben zu einem gewaltigen Qualitätssprung geführt. Die Systeme können aber auch Stimmen analysieren und reproduzieren. Ein Geburtstagsgruß an Freunde mit der Stimme des ehemaligen US-Präsidenten Barack Obama? Kein Problem. Es gibt genug öffentliche Tonaufnahmen, um das System zu trainieren. Auf Befehl lassen sich auch Videos und Filme erstellen. Es ist nur noch eine Frage der Zeit, bis ein Hollywoodfilm von einem Computer erschaffen wird. Der Kreativität scheinen kaum noch Grenzen gesetzt zu sein.

Dabei hat die Macht der Pioniere hinter der Technik stark zugenommen. Im November 2023 kam es zum Streit zwischen Sam Altman als CEO von OpenAI und mehreren Mitgliedern des Verwaltungsrates des Unternehmens. Altman unterlag im Streit zunächst und wurde gefeuert. Daraufhin schaltete sich unter anderem Microsoft in den Konflikt ein. Als wichtigster Geldgeber des Unternehmens drängte der Softwarekonzern darauf, dass Altman als CEO zurückkehren konnte, wie uns mehrere Insider erzählten. Fünf Tage später war Altman wieder CEO, und der Verwaltungsrat wurde neu besetzt.

Seine Unterstützer halten Altman für einen genialen Vordenker, der die Menschheit dank Künstlicher Intelligenz in ein Zeitalter voll Prosperität führen kann. Als er im Sommer 2023 eine Weltreise machte, wurde er überall wie ein Staatsgast empfangen. Er traf Staats- und Regierungschefs wie Narendra Modi in Indien, Yoon Suk-yeol in Südkorea oder Rishi Sunak in Großbritannien – und auch Bundeskanzler Olaf Scholz.

Das Bild von Altman ist dennoch völlig überzeichnet. Er ist ein cleverer Geschäftsmann und Stratege, der perfekt in der Logik des Silicon Valley handelt. Der Technologiesprung bei Künstlicher Intelligenz hat ihn zu einem zentralen Spieler im Wettrennen um die Zukunftstechnologie gemacht. Der Guru, zu dem ihn manche machen wollen, ist er aber nicht.

Auf einen Blick

Hauptthema: Seit den Anfängen der Computerwissenschaft wird mit Künstlicher Intelligenz experimentiert. Aber erst in den vergangenen Jahren hat sich die Entwicklung stark beschleunigt.

Warum das wichtig ist: KI-Technologien revolutionieren zahlreiche Aspekte unseres Lebens, von der Internetsuche bis zur Text- und Bildgenerierung. Sie haben das Potenzial, Wirtschaft und Gesellschaft tiefgreifend zu verändern, ähnlich wie das Internet.

Hintergrund: Die Entwicklungen basieren auf drei Säulen – umfangreichen Datenmengen, erhöhter Rechenleistung und neuen

Modellarchitekturen wie Transformer. Drei Vordenker spielten dabei eine besonders wichtige Rolle. Der Gründer des Chipkonzerns Nvidia, Jensen Huang, hat die Rechenleistung für neue KI-Modelle geschaffen. Professor Christopher Manning hat neue Ansätze entwickelt, mit denen Maschinen menschliche Sprache lernen können. Und Sam Altman hat mit seinem Team beim Start-up OpenAI die Entwicklungen aufgegriffen, um mit ChatGPT den ersten KI-Chatbot zu erschaffen, der ein Milliardenpublikum erreichte.

Ausblick: Die Zukunft der KI scheint grenzenlos, birgt jedoch auch Herausforderungen und Risiken. Die Gesellschaft steht vor der Aufgabe, die Vorteile dieser Technologien zu nutzen, während sie gleichzeitig die ethischen und sozialen Implikationen berücksichtigen muss.

Teil 2:

Die Chancen

Informatik: Programme, die sich selbst erschaffen

Inmitten der pulsierenden Straßen von San Francisco und umgeben von den Wolkenkratzern der Stadt, liegt das Moscone Center. Die Glasfassaden fangen das kalifornische Sonnenlicht ein und lassen es auf die 70 000 Quadratmeter große Ausstellungsfläche fallen. Namensgeber des Gebäudes war der ehemalige Bürgermeister George Moscone, der den weltoffenen Ruf der Stadt in den 1970er Jahren prägte, bis ihn 1978 einer seiner politischen Rivalen erschoss. Die transparent gehaltene Fassade des Konferenzzentrums soll für den offenen Kurs stehen, den Moscone geprägt hat.

Innerhalb der Technologieszene hat das Moscone Center mit seinen langen Hallen und den hohen Decken einen fast mythischen Status erlangt. Hier wurden Produkte und Ideen enthüllt, die unsere Welt verändert haben. Auf dem Gelände hörte die Welt zum ersten Mal von Technologien, die jetzt in unseren Hosentaschen, an unseren Arbeitsplätzen oder in unseren Häusern sind. Apple-Gründer Steve Jobs wählte 1984 das Moscone Center für die Vorstellung des Macintosh-Computers. Im Jahr 2007 stand Jobs wieder auf der Bühne und sagte: »Hin und wieder kommt ein revolutionäres Produkt auf den Markt, das alles verändert.« Dann präsentierte er der Welt das erste iPhone. Das Smartphone-Zeitalter begann.

Im Juni 2023 ist die Veranstaltungshalle voll. Scheinwerfer tauchen die Bühne in grelles Licht. Mehrere Tausend Softwareentwickler tummeln sich im Publikum. Dieses Mal tritt Ali Ghodsi auf die Bühne und sagt: »Wir erleben eine Revolution.« Ghodsi leitet das Unternehmen Databricks, einen Spezialisten für die Analyse großer Datenmengen. Was er mit Revolution meint, ist ein völlig neuer Ansatz, Daten auszuwerten und Computerprogramme zu schreiben.

Was das praktisch heißen soll, wird im Gespräch mit Larry Feinsmith deutlich, der wenig später die Bühne betritt. Feinsmith leitet den Bereich Technologie und Innovation bei JPMorgan Chase. Das Finanzinstitut ist nicht einfach eine US-amerikanische Großbank. Gemessen an der Marktkapitalisierung, ist es die weltweit größte Bank. Feinsmith stimmt der Aussage von Ghodsi zu. Bislang hätten nur Experten Computerprogramme schreiben können. Dank Künstlicher Intelligenz ändere sich das nun. »In diesem Raum sind viele der besten Programmierer der Welt«, sagt Feinsmith und deutet in den Veranstaltungsraum. »Aber heute kann auch ich komplexe Software schreiben, obwohl ich fast nicht programmieren kann. KI macht das möglich«, erklärt er. »Ihr seid die Experten, aber künftig kann jeder Computerprogramme erschaffen. Das ist revolutionär«, sagt der Bankexperte.

Der Raum selbst ist in Dunkelheit getaucht, durchbrochen von Tausenden kleinen Lichtern, die von den Laptops der anwesenden Computerexperten ausgehen. Ihre Gesichter sind schwach von den Displays erleuchtet. Gemeinsam sind sie die Schöpfer der Technologiewelt – Entwicklerinnen, Forscher und Unternehmerinnen. Die jährliche Messe von Databricks ist das Klassentreffen der Spezialisten für gewaltige Datenmengen. Sie sind eine Elitetruppe unter den Softwareentwicklern. Doch in diesem Jahr ist alles anders.

Computerwissenschaftler sind die Schöpfer der modernsten KI-Systeme. Und ausgerechnet die Informatik ist die Disziplin, die als Erstes fundamental von KI-Systemen verändert wird. Das Schreiben von Computercode ist die Königsdisziplin im Silicon Valley. Es gibt nur wenige Menschen, die Programmiersprachen mit ihren komplexen Befehlsketten exzellent beherrschen. Seit Jahren gibt es einen Wettkampf um die besten Fachkräfte der Welt. Softwarehäuser wie die Google-Muttergesellschaft Alphabet oder der Facebook-Konzern Meta zahlen für Spitzenkräfte deutlich mehr als eine Million US-Dollar Jahresvergütung.

Künstliche Intelligenz verändert nun das Verhältnis zwischen Computern und Menschen. Neue KI-Modelle können nicht nur Text auf Englisch oder Deutsch analysieren oder selbst schreiben. Sie beherrschen auch Programmiersprachen wie Python oder Java. Ein System, das Englisch und Deutsch versteht, kann auch in Python oder Java übersetzen.

Bei den Dutzenden Präsentationen, die Ghodsi und sein Team an diesem Tag halten, übersetzen die Systeme von Databricks in natürlicher Sprache geschriebene Sätze in komplexe Zeilen Computercode. Programme, die sonst in wochenlanger Arbeit entstanden wären, generiert die KI innerhalb von Sekunden. Dabei ist Databricks nur einer von vielen Anbietern, die KI zum Erstellen von Computercode einsetzen. Der wichtigste Manager in diesem Bereich heißt Thomas Dohmke und kommt aus Deutschland.

Ein Copilot für Softwareentwickler

Thomas Dohmke hat ein jungenhaftes Auftreten, hohe Stirn, schmale Nase und markantes Kinn. Computer hätten ihn schon immer fasziniert, bereits in der Schule habe er angefangen zu programmieren, erinnert er sich, als ich ihn in der Microsoft-Zentrale in Redmond treffe. Dohmke stammt aus Deutschland und treibt in den USA einen ganz wichtigen Bereich der KI-Entwicklung voran: den Einsatz von KI-Systemen zum Erstellen von Computersoftware. Nach Redmond folgen zwei weitere Gespräche. Eines per Videokonferenz und ein weiteres während der Technologiekonferenz TechCrunch Disrupt in San Francisco.

»Anfangs habe ich mit einem Commodore 64 programmiert«, sagt Dohmke. Das klobige Gerät kam 1982 auf den Markt und leitete das Zeitalter der Personal Computer ein. Nach der Schule gründete Dohmke zusammen mit seinem Bruder sein erstes Unternehmen. »Damals haben wir das noch nicht Start-up genannt. Wir sind einfach zum Gewerbeamt in Kiel gegangen und haben ein Gewerbe angemeldet«, erzählt Dohmke.

Die Brüder entwickelten mit ihrem Unternehmen ToDoSoft ein Programm für Versicherungsunternehmen. Es war darauf spezialisiert, die Abläufe zwischen den Unternehmenszentralen und den vielen Maklern zu erleichtern. »Das war ganz witzig. Alle drei Monate haben wir Disketten verschickt«, erinnert sich Dohmke. Sie hätten oft stundenlang im Büro gesessen, um die Software auf verschiedene Disketten zu verteilen.

Heute könne man sich diese Zeit ohne Internet nicht mehr vorstellen. »Wenn man Software programmieren wollte, schaute man in Bücher und Magazine«, sagt Dohmke. Der Jungunternehmer schrieb sich an der Technischen Hochschule in Berlin ein und studierte Technische Informatik. Danach verschlug es ihn zunächst in die Fahrzeugbranche. Beim Autobauer Daimler-Chrysler schrieb er seine Diplomarbeit und arbeitete dort anschließend unter anderem an Fahrerassistenzsystemen und an seiner Dissertation. Nach einer Zwischenstation beim Zulieferer Bosch in Stuttgart gründete Dohmke wieder, darunter das Unternehmen Bit Stadium GmbH. Die Firma konzentrierte sich darauf, Fehler in Computerprogrammen zu erfassen und zu dokumentieren. Damit zog sie die Aufmerksamkeit von Microsoft auf sich. Der US-Technologieriese kaufte kurzerhand die Firma aus Stuttgart auf, und Dohmke selbst wurde Manager bei dem Windows-Konzern. 2015 zog er in die USA und in die Nähe der Firmenzentrale bei Redmond.

Es war eine Phase des Aufbruchs für den Windows-Konzern. Gründer Bill Gates hatte Windows zum wichtigsten Betriebssystem der Welt gemacht. Schon kurz nach der Firmengründung hatte Gates das Ziel ausgegeben: »Ein Computer auf jedem Schreibtisch und in jedem Zuhause.« Was zunächst verrückt schien, hatte die Firma Ende der 2000er Jahre in Nordamerika und Europa weitgehend erreicht.

Aber dann verspielte Microsoft die Spitzenposition im Technologiemarkt. Im Jahr 2000 hatte Gates den Chefposten an seinen Freund Steve Ballmer übergeben. Ballmer verstand sich als Einpeitscher, der die Teams innerhalb des Unternehmens zu immer mehr Wettbewerb anstachelte. Wenn Ballmer neue Produkte vorstellte, stand er schreiend und in nass geschwitztem Hemd auf der Bühne. Innerhalb von Microsoft galt er als cholerischer Chef, vor dem viele Mitarbeitende Angst hatten. »Es herrschte eine Stimmung von ›jeder gegen jeden‹. Es war furchtbar«, erinnert sich ein ehemaliger Microsoft-Mitarbeiter. Microsoft schien gelähmt. Das Betriebssystem Windows und die Office-Programme für Textverarbeitung (Word), Tabellenkalkulation (Excel) und Präsentationen (PowerPoint) spielten der Firma zwar weiterhin viel Geld ein. Dafür verpasste Ballmer einen Trend nach dem anderen. Die Suche im Internet dominierte Google. Zudem hatte Microsoft den Sprung von PCs auf Smartphones verschlafen. Hier gab Steve Jobs mit seinem 2007 vorgestellten iPhone die Richtung vor. Google war es gelungen, mit Android das wichtige Betriebssystem für Smartphones jenseits des Apple-Ökosystems zu etablieren. Sowohl das iPhone als auch das Android-Betriebssystem waren im Moscone Center der Weltöffentlichkeit präsentiert worden.

Ballmer versuchte im Jahr 2013 mit dem 7,2 Milliarden Dollar teuren Zukauf der Mobilfunksparte von Nokia den Befreiungsschlag. Doch Nokia war selbst angeschlagen. Die Übernahme der 25 000 Beschäftigten stellte sich als Fehlentscheidung heraus. Der Microsoft-Verwaltungsrat brach mit Ballmer. Der CEO musste gehen. 2014 übernahm der langjährige Microsoft-Manager Satya Nadella den Chefposten. Er wickelte zunächst den Zukauf von Nokia ab – mit einer Entlassungswelle, die es nie zuvor in der Geschichte von Microsoft gegeben hatte. Im ersten Jahr von Nadella als CEO wurden 18 000 Jobs gestrichen. Im Jahr darauf weitere 8000 Jobs.

Als Dohmke in die USA zog, hatte Microsoft den ersten Schock nach dem Chefwechsel überstanden. Nadella forcierte Zukäufe und eine Neuausrichtung des Unternehmens. Microsoft sollte mehr werden als Windows. Dohmke stieg auf, kümmerte sich nach kurzer Zeit um einen anderen Zukauf des neuen Microsoft-Chefs: die Programmierplattform GitHub. Die Plattform funktioniert wie ein Onlinearchiv für Computercode. Jedes Softwareprojekt hat seinen Platz. Hier werden alle Dateien und der Verlauf von Änderungen gespeichert. Das erleichtert das Aufspüren von Fehlern. Zudem hilft GitHub Gruppen, gemeinsam Software zu entwickeln. Änderungen können vorgeschlagen, gemeinsam diskutiert und schließlich umgesetzt werden. Hier hat GitHub Standards für die gesamte Community gesetzt.

GitHub ist inzwischen das größte Archiv für Computercode. Heute kommt fast kein großes Projekt mehr ohne die Plattform aus. Das verleiht ihr große Macht. Der Durchbruch für die Firma war der Einsatz von Künstlicher Intelligenz. Denn die Massen an Programmcode auf GitHub waren ein wichtiger Baustein dafür, einem mächtigen KI-System das Programmieren beizubringen. GitHub Copilot heißt das Produkt. In der ersten Version war es ein einfacher Begleiter für Programmierer. Auf Befehl konnte er Computercode erstellen, ähnlich wie die Autovervollständigung von Sätzen in der Textverarbeitung. Aber das Programm wurde immer besser. In der neuesten Version, Copilot X genannt, kann das KI-System auf natürlich formulierte Sätze hin nicht nur einzelne Zeilen Code, sondern ein gesamtes Computerprogramm erschaffen. Softwareentwicklerinnen müssen sich nicht mehr an jeden Befehl erinnern. Ähnlich wie im Umgang mit menschlichen Sprachen kann das System auch von einer Programmiersprache in eine andere übersetzen.

Die Software funktioniert so, als würde man einen Brief schreiben und von dem Programm Vorschläge für Sätze, Abschnitte oder sogar einen fertig formulierten Brief bekommen. Die Kunst besteht nicht mehr darin, Rechtschreibung und Grammatik zu beherrschen. Die Kunst ist es, das System richtig anzuleiten, Fehler zu erkennen und zu beheben. »Der Copilot kann zum Beispiel meinen Code auf Sicherheitslücken untersuchen und diese beheben«, sagt Dohmke. Das werde die Art des Programmierens verändern. »Wir werden von Autoren zu Redakteuren. Das Wissen wird für uns bereitgestellt, aber wir müssen damit etwas anfangen«, sagt Dohmke. Für den Manager steht das für eine neue Art des Arbeitens, die es Entwicklern ermögliche, sich auf die wesentlichen Aufgaben zu konzentrieren, sagt Dohmke. Kunden würden in ihren Projekten schon rund die Hälfte des Codes vom Copiloten schreiben lassen – mit steigender Tendenz.

Es gibt einen besonderen Grund, warum gerade bei Computerprogrammen die KI-Sprachmodelle so stark sind. Die Sprachen, mit denen wir Computer steuern – also der Code –, sind letztlich die Sprachen der Maschinen. Aber kein Mensch ist dabei Muttersprachler. Selbst den genialsten Programmierern dieser Welt fällt es nicht leicht, sich in die Sprachen der Maschinen hineinzuversetzen. Sie ist und bleibt uns letztlich fremd. Bei KI-Sprachmodellen sieht das anders aus. Sie können eine Programmiersprache wie Python oder Java genauso lernen wie wir Menschen Englisch oder Französisch. Das KI-System fungiert dann als Bindeglied. Wir können in einfachen Sätzen sagen, was wir von der Maschine wollen. Und das KI-System kann das in die Programmiersprachen der Computer übersetzen. Deswegen ist auch ein Bankmanager wie Larry Feinsmith von der Technologie so begeistert. Denn sie kann auch ihm ermöglichen, Computerprogramme zu erstellen – ohne wirkliche Programmierkenntnisse. Damit liegen Softwareprojekte nicht länger ausschließlich in der Hand von IT-Fachleuten. Auch andere Beschäftigte einer Firma können mit wenigen Klicks Software produzieren.

Mittlerweile tummeln sich viele Firmen in dem Bereich und versuchen, sich als Konkurrenz zu GitHub Copilot zu positionieren. Die Antwort von Amazon heißt CodeWhisperer. Der Programmierspezialist Replit hat ein System mit dem Namen Ghostwriter auf dem Markt. Und etliche Start-ups haben eigene Lösungen entwickelt. Besonders spannend wird deren Einsatz nicht nur bei Großkonzernen, sondern auch bei Mittelständlern.

Der radikal andere Ansatz des Facebook-Konzerns Meta

Ein riesiger Parkplatz umgibt die Firmenzentrale des Facebook-Konzerns Meta in der Stadt Menlo Park im Zentrum des Silicon Valley. Laut rauschen die Autos auf dem Highway 101 vorbei. Gründer Mark Zuckerberg hat ein ganzes Areal an der Bucht in Kalifornien für das Gebäude erschließen lassen und sich eine prominente Adresse ausgesucht: das Hauptquartier von Meta hat die Adresse Hacker Way 1.

Ende September 2023 lädt Zuckerberg das erste Mal seit Ausbruch der Coronapandemie wieder zur jährlichen Kundenkonferenz in die Firmenzentrale ein. Die Veranstaltung steht ganz im Zeichen von Künstlicher Intelligenz. Der Facebook-Konzern ist eine treibende Kraft des KI-Wettrennens. Software wie Facebook, Instagram und WhatsApp werden um KI-Assistenten erweitert, die in Gespräche zugeschaltet werden können.

Produktchef Chris Cox hat am Kopfende eines langen Konferenztisches Platz genommen. Vor ihm auf dem Tisch dreht sich eine blaue Weltkugel, die von weißen Linien durchzogen ist. Sie steht für den Anspruch des Konzerns, ein Kommunikationswerkzeug für die gesamte Weltbevölkerung schaffen zu wollen. »Wir wollen mächtige KI-Werkzeuge demokratisieren. Jeder soll sie nutzen können«, sagt Cox. Dabei geht es dem Unternehmen unter anderem auch darum, die Nutzer länger auf Plattformen wie Instagram oder Facebook zu halten, um ihnen mehr Werbung anzeigen zu können.

Auf dem Weg dahin ist Meta bei der Entwicklung der KI-Werkzeuge aber deutlich offener als seine Techrivalen. Das zeigt sich auch bei Lösungen zum besseren Programmieren. Microsoft verkauft seine Programmierassistenten unter dem Namen GitHub Copilot. Meta hat hingegen im August 2023 einen Programmierassistenten mit dem Namen Code Llama vorgestellt, der frei verfügbar ist. Das heißt: Jede Entwicklerin und jeder Entwickler kann ihn herunterladen, an ihre oder seine Bedürfnisse anpassen und selbst weiterentwickeln. Meta wolle von den Chancen der offenen Softwaregemeinschaft profitieren, erzählt KI-Forscherin Angela Fan. So hat es der Meta-Konzern auch bei der Entwicklung der Technik für seine Serveranlagen gemacht, die inzwischen weltweit zu finden sind. Jeder konnte die Pläne dafür im Internet finden. Das führte dazu, dass die weltweite Entwicklergemeinschaft diese analysierte und Verbesserungen vorschlug. Davon profitierte wiederum Meta. Bei Künstlicher Intelligenz macht es Meta nun genauso.

Das ist eine direkte Kampfansage an Thomas Dohmke und sein Team bei GitHub. Wer dessen Copilot nutzen will, muss dafür ein Abo kaufen. Die Details der Software hält Dohmke geheim. Sie ist Teil des Produktgeheimnisses. Meta ist Nachzügler in dem Bereich. Der Copilot von GitHub gilt als die beste Programmierhilfe der Welt. Aber das Programm von Meta ist kostenlos und völlig frei anpassbar. Das könnte der entscheidende Vorteil werden, der Meta zum Durchbruch verhilft. Dabei handelt der Konzern von Mark Zuckerberg nicht selbstlos. Die Offenheit folgt einer klaren Strategie: Meta will einen Standard schaffen. Wenn möglichst viele Softwareentwickler die Meta-Systeme nutzen, entsteht ein Ökosystem von den besten Lösungen rund um das Angebot. Freie Programmierer sind bereits dabei, Schnittstellen zu programmieren, die dem Meta-Programm die neuesten Softwareprojekte beibringen. Davon profitiert Meta. Jede Schnittstelle, die für Code Llama entwickelt wird, hilft auch den Programmierern bei Meta.

Zudem bietet das Programm von Meta einen weiteren Vorteil gegenüber GitHub. Da es sich um freie Software handelt, können Kunden den Assistenten auch lokal auf ihrem Computer betreiben. Dadurch müssen keine sensiblen Daten über das Internet übertragen werden. Bei der Lösung von GitHub muss die Kundschaft schlicht darauf vertrauen, dass die Firma die sensiblen Informationen ihrer Nutzerschaft gut behandelt und nicht weiternutzt.

KI-Assistenten als Turbo für Mittelständler

Von dem Wettkampf der Techgiganten könnten auch deutsche Unternehmen profitieren. Daniel Szabo gerät ins Schwärmen, als er über den Einsatz von KI-Assistenten in der Softwareentwicklung im deutschen Mittelstand spricht. »Die Entwicklerteams werden produktiver und schneller«, sagt er. Es ließen sich komplexe Projekte realisieren, die andernfalls schwer möglich wären.

Szabo leitet Körber Digital, den Digitalarm der Hamburger Aktiengesellschaft Körber. Die Firma begann als Maschinenbauunternehmen. Heute ist es ein Mischkonzern, der in Branchen wie Pharma und Werkzeugmaschinen, aber auch in der Herstellung von Toilettenpapier aktiv ist. Die Aufgabe von Szabo und seinem Team ist es, im Auftrag von Körber neue KI-basierte Unternehmen aufzubauen. Nie seien die Hürden für das Erstellen komplexer Software so niedrig wie heute gewesen, sagt Szabo. Nie waren die Chancen so groß. KI sei Dank. Über den Erfolg entscheide heute weniger, wer Heerscharen von Programmierern anwerben könne. KI helfe dabei, viele Aufgaben in der Softwareentwicklung zu automatisieren. Dafür werde es immer wichtiger, sich in bestimmten Bereichen gut auszukennen. Und darin seien viele Mittelständler aus Deutschland besonders gut.

In der deutschen Provinz sitzen viele Weltmarktführer, sogenannte Hidden Champions. Sie sind die besten Hersteller etwa eines bestimmten Werkzeuges, einer bestimmten Schraubenart oder einer besonderen Kupferleitung. In ihrem Bereich sind diese Firmen spitze. Dank neuer KI-Assistenten können sie ihre Fachexpertise nun auch mit Softwarelösungen kombinieren. Dabei nutzt ihnen ihr Fachwissen bei Nischenprodukten. Die besonderen Kenntnisse in der Softwareprogrammierung liegen heute nicht länger ausschließlich bei Giganten wie Google oder Microsoft, mit KI kann jede Firma sie sich erschließen.

Noch gebe es zwei Strategien, wie sich die KI-Systeme am besten in der Softwareentwicklung einsetzen ließen, erklärt Szabo. Der eine Ansatz sei, brillante Programmierer noch besser zu machen. »Aber von solchen Entwicklern gibt es nur ganz wenige«, meint er. Die andere Strategie sei, den typischen Durchschnittsentwickler dank KI deutlich besser zu machen. Das sei vermutlich der Weg für den deutschen Mittelstand. Denn die Superkraft dieser Firmen sei ihr Spezialwissen in einzelnen Nischen. »Das nächste Google wird es vielleicht gar nicht mehr geben«, vermutet Szabo. Das Zeitalter der gigantischen Technologiekonzerne könne schon vorbei sein. Dafür könnten nun stärker kleinere Anbieter mit spezialisierten Lösungen übernehmen. Konzerne wie Google hätten zwar ausgeklügelte Lösungen für Unternehmen im Angebot. Aber diese Lösungen seien so weit gefasst, dass sie für kein Unternehmen genau passten. Deshalb müsse immer noch nachjustiert werden. Dank KI ließe sich beispielsweise die perfekte Software für Friseursalons in Deutschland schreiben. »Früher hätte sich die Entwicklung niemals gelohnt. Bisher war es sehr teuer, Software zu bauen. Das lohnt sich nur bei einem großen, homogenen Markt, um das Geld wieder einzuspielen. Aber das ändert sich heute«, sagt Szabo. KI senke die Kosten. Das mache neue Lösungen möglich. Wie beispielsweise die Spezialsoftware für Friseure in Deutschland.

Trotzdem gebe es noch ungelöste Probleme. Erstens sei nicht klar, auf welcher Basis die KI-Systeme trainiert wurden. Es könne passieren, dass im von den Maschinen geschriebenen Code urheberrechtlich geschützte Elemente enthalten seien. Denn beispielsweise ist der Code auf GitHub nicht vollständig frei verwendbar. Oft schränken Entwickler die Nutzung ein – und untersagen beispielsweise den Einsatz für ein kommerzielles Produkt. Das zweite Problem wiege jedoch schwerer. Je komplexer die von der KI generierten Systeme würden, desto schwerer falle es Menschen, den Überblick zu behalten. Sie können schlicht die Kontrolle über den von den Maschinen programmierten Code verlieren.

»Es gibt noch viele Probleme und Fehler«, sagt Szabo. »Für mich ist das Potenzial der Technik aber klar.« Es sei vermutlich nur eine Frage der Zeit, bis ein verlässliches System auf den Markt komme, das die bisherigen Probleme überwinde.

Wir erleben den Beginn einer Machtverschiebung. Seit Anfang des neuen Jahrtausends eroberte Software die Welt. Niemand perfektionierte dieses Spiel so wie die Technologiefirmen von der US-Westküste. Sie waren die Architekten der wichtigsten Softwareplattformen. Gleichzeitig stiegen sie zu den wertvollsten Firmen der Welt auf, die auch die höchsten Gehälter zahlen konnten. Eine Vergütung von mehr als einer Million Dollar im Jahr ist im Silicon Valley keine Seltenheit. Heute bekommen jedoch auch Mittelständler aus Hamburg, Nordrhein-Westfalen oder Baden-Württemberg die Chance, ihr Fachwissen in einer Nische mit hervorragender Software zu kombinieren. Sie können vielleicht nicht eine Million Dollar für Spitzenprogrammierer auf den Tisch legen. Dank KI-Assistenten müssen sie das aber auch gar nicht mehr. Das Schreiben von einfacher Software wird dank Künstlicher Intelligenz nicht länger eine Spezialdisziplin sein, sondern wird sich von jedem erschließen lassen.

Auf einen Blick

Hauptthema: Softwareentwicklung ist bislang aufwendig und teuer. Es ist äußerst anspruchsvoll, hochwertige Computerprogramme zu schreiben. Spitzenprogrammierer sind schwer zu finden. Künstliche Intelligenz ist besonders gut dazu geeignet, Software selbstständig zu schreiben.

Warum das wichtig ist: Der Einsatz von KI-Assistenten macht das Entwickeln von Software deutlich schneller und preisgünstiger. Nicht nur große Technologiefirmen wie Microsoft, Amazon oder die Google-Mutterfirma Alphabet können künftig aufwendige Computerprogramme schreiben, sondern auch Mittelständler etwa aus Deutschland.

Hintergrund: Neue KI-Assistenten sind in der Lage, menschliche Sprache in Computercode zu übersetzen. Dadurch können auch Menschen ohne jegliche Vorkenntnisse in Programmiersprachen Software entwickeln.

Ausblick: Technologiefirmen liefern sich derzeit ein Wettrennen um die Entwicklung der besten KI-Programmierassistenten. Derzeit liegt Microsoft mit dem Programm GitHub Copilot vorne. Der Facebook-Konzern Meta gilt als aussichtsreicher Rivale und hat mit Code Llama eine kostenlose Alternative auf den Markt gebracht.

KI in der Verwaltung: Wie Künstliche Intelligenz die Behörden schneller macht

Es ist schon dunkel an diesem Freitagabend im Oktober, als die MS *Königin Silvia* von der Anlegestelle Pier 4 am Neckarstaden ablegt. Ein Stück flussabwärts im Heidelberger Stadtteil Wieblingen hat Aleph Alpha sein Büro. Aber jetzt geht es den Fluss hinauf: rechts die hell erleuchteten Gebäude der Altstadt mit der Universität aus dem 14. Jahrhundert und dem mittelalterlichen Marstall, der längst zur Zeughaus-Mensa umgebaut wurde. Am linken Flussufer liegt dunkel der Heiligenberg mit dem beliebten Philosophenweg, von dem Studierende und Gäste gern auf die Stadt und die Schlossruine aus rotem Sandstein blicken.

Als das Schiff unter dem in warmem Gold erstrahlenden Wahrzeichen der Stadt entlangfährt, tritt auf dem Unterdeck Jonas Andrulis ans Mikrofon. Der 42-Jährige trägt einen gepflegten Bart und wie so oft ein graues Hemd über dem schwarzen T-Shirt seiner Firma Aleph Alpha. Er und diese Firma sind Deutschlands, vielleicht sogar Europas größte Hoffnung im weltweiten Innovationswettbewerb um KI-Sprachmodelle. Schon 2019 hat der Seriengründer und frühere Apple-Manager geahnt, wie wichtig diese Technologie werden könnte – und wie essenziell es sein würde, dass Europa seinen Unternehmen und Behörden eigene Sprachmodelle anbieten kann. Im Oktober 2023 ist Luminous das einzige marktverfügbare europäische Basismodell für Unternehmen, das mit 70 Milliarden Parametern vielfältig einsetzbar ist und laut dem Center for Research on Foundation Models der Stanford University in verschiedenen Bereichen mit GPT-3 von OpenAI mithalten kann. Im Dezember kommt das Mixtral-Modell des Pariser Start-ups Mistral hinzu, das sich vor allem an Entwickler richtet. Es ist ein ungleicher Wettbewerb zwischen den US-Unternehmen und den europäischen Start-ups, und es ist noch völlig offen, wie er ausgehen wird.

Auf der MS *Königin Silvia* scharen sich jetzt Menschen um Jonas Andrulis, die wollen, dass Deutschland den Technologieriesen im Silicon Valley etwas entgegenzusetzen hat: Mitarbeiterinnen und Mitarbeiter, Anwälte, Wissenschaftler, Vertriebspartner und auch ein paar Investoren. Andrulis spricht auf Englisch, damit das ganze Team ihn versteht. Von Journalisten würde ihm eine Frage immer wieder gestellt, sagt er und gibt sinngemäß wieder: »Wie wollt ihr gewinnen? Ihr tretet gegen die größten Unternehmen der Welt an, die praktisch unbegrenzte Finanzmittel haben.« Seine Antwort, sagt Jonas Andrulis, sei immer die gleiche. Aleph Alpha sei nicht allein. Das Team habe Partner, mit denen es gemeinsam für Souveränität kämpfen könne, für eine Ära, in der KI nicht von großen Monopolisten kontrolliert würde. Von dieser Souveränität spricht der Gründer immer wieder, sie ist nach seinen Worten die »Mission« von Aleph Alpha. Was er damit konkret meint? Dass KI nicht von den großen Monopolisten kontrolliert wird. Er führt das auf dem Schiff aus: Bürger, Politikerinnen und Unternehmer in Europa sollten die Technologie verstehen, entwickeln und so einsetzen können, wie es ihren Werten und Bedürfnissen entspricht. Oft weist er darauf hin, dass die US-Sprachmodelle »kalifornische Antworten« geben, die Sprachmodelle und eingebaute Filter also auch kulturelle Eigenheiten und soziale Erwünschtheit antrainiert bekommen hätten. Andrulis, der FDP-Mitglied ist, sieht das als eine Art Bevormundung und will seine Kunden selbst entscheiden lassen. Auf der MS *Königin Silvia* sagt er kämpferisch: »Wir gestalten unsere Zukunft selbst.«

Die Worte sind nicht nur Nettigkeiten in Richtung der anwesenden Geschäftspartner. Tatsächlich hat Andrulis diese Antwort in den Wochen vor und nach der Veranstaltung immer wieder gegeben. Vielleicht braucht er sie wie eine Art Mantra auch selbst. Ein Blick über die Feiergesellschaft reicht aus, um zu verstehen, warum Andrulis die Frage nach Aleph Alphas Chancen überhaupt so oft gestellt wird. Gemessen an der Zahl der Mitarbeiter, ist Deutschlands größte Hoffnung im Wettbewerb der KI-Unternehmen klein. Selbst mitsamt Gästen kann die 60-Mitarbeiter-Firma das Flaggschiff der Weissen Flotte nicht einmal zur Hälfte füllen.

Jonas Andrulis fährt fort: »Wir haben viele Dinge erreicht, von denen mir kluge Leute vor vier Jahren gesagt haben, dass sie unmöglich wären«, sagt er. »KI-Forschung und -Entwicklung in Deutschland aufbauen? Unmöglich. Dies hauptsächlich mit europäischem Kapital finanzieren? Unmöglich. Unser eigenes Rechenzentrum bauen? Unmöglich. Forschungsbeiträge leisten, die die gesamte Technologiekategorie mitdefinieren? Unmöglich«, sagt er. »Und jetzt treten wir in eine neue Ära ein.«

Aleph Alpha hat zu diesem Zeitpunkt etwa 30 Millionen Euro Kapital von vorrangig europäischen Geldgebern wie dem Münchner Wagniskapitalgeber Earlybird aufgenommen. Und wohl alle Gäste auf dem Schiff wissen, dass die Verkündung der nächsten deutlich größeren Finanzierungsrunde nur noch eine Frage der Details ist. Ein eigenes Rechenzentrum hat die Firma 2022 im Raum Bayreuth eröffnet; aktuell belegt es auf der Top-500-Liste der schnellsten Supercomputer immerhin Platz 88. Und auch zur Forschung an Sprachmodellen hat Aleph Alpha nach Meinung von Experten bereits nennenswert beigetragen. Mehrfach hat die Firma bewiesen, dass sie mit neuen Funktionalitäten die Entwicklung von Sprachmodellen weltweit beeinflussen und neue Standards setzen kann.

Zwar ist Aleph Alphas Sprachmodell Luminous nicht so leistungsfähig wie das führende Modell von OpenAI. Aber es kann sich beispielsweise erklären: Nutzer von Luminous können nachvollziehen, auf welche Quellen und welche Textstellen oder Bildinhalte es sich bezieht, wenn es Informationen angibt.

Außerdem zeigt es an, ob es Daten finden konnte, die im Widerspruch zu einer generierten Antwort stehen. Das ist wichtig, weil KI-Modelle bei unzureichender Datengrundlage zu sogenannten Halluzinationen neigen. In diesen Fällen sind die Aussagen frei erfunden und inhaltlich oft völlig falsch. Erst mit der Erklärbarkeitsfunktion wird generative KI deshalb für viele Unternehmen und insbesondere für Behörden überhaupt nutzbar.

Kabinettsvorlage-Vermerk auf Knopfdruck

Dass die generative KI von Aleph Alpha in baden-württembergischen Amtsstuben tatsächlich schon zum Einsatz kommt, ist allen voran der Verdienst eines Mannes, der 120 Kilometer entfernt von Heidelberg sitzt und die Verwaltungsprozesse digitalisieren und effizienter machen will – am liebsten mit jungen Unternehmen aus dem eigenen Bundesland.

Der Grünenpolitiker Florian Stegmann ist Staatsminister und Chef der Staatskanzlei in Stuttgart. Stegmanns Amtssitz ist die Villa Reitzenstein, die zwischen 1910 und 1913 für die Baronin Helene von Reitzenstein im Barockstil erbaut wurde. Sie steht hoch über der Stadt am Hang des Bopser. Und wer hinaufwill, der muss nach der Sicherheitskontrolle noch ein »Stäffele« nehmen, wie die Stuttgarter zu Treppenanlagen sagen. Als meine Kollegin und ich oben ankommen, empfängt uns Stegmann an einem runden Tisch im holzvertäfelten Eckzimmer, das laut einer goldenen Inschrift am Türrahmen früher Teezimmer hieß. Er selbst nimmt unter dem Ölgemälde von Reinhold Maier Platz, der 1945 bis 1952 württembergisch-badischer Ministerpräsident war und dann zum ersten baden-württembergischen Ministerpräsidenten wurde.

Das Ambiente samt dem Herrn im opulenten Goldrahmen steht in einem bemerkenswerten Kontrast zu dem smarten Typen, der im schwarzen Anzug und schwarzer Krawatte davorsitzt und über die dringende Notwendigkeit von Digitalisierung in der Verwaltung spricht. Die Frage, wie er schon 2022 – vor dem Hype um ChatGPT – auf die Idee kam, KI in die Verwaltung zu bringen, korrigiert er freundlich, aber mit einem gewissen Stolz: »Ich muss Sie korrigieren, ich bin 2021 schon auf die Idee gekommen, Künstliche Intelligenz in die Verwaltung zu implementieren.« Dahinter stehe auch sein zweites Amt als Koordinator der Landesregierung für Verwaltungsmodernisierung, Bürokratieabbau und bessere Rechtsetzung, sagt er – und ein Podcast, den er vor etwa zwei Jahren gehört habe. Dort habe er verfolgt, wie eine KI am Kundentelefon eines Friseursalons Termine zum Haareschneiden vergeben habe. »Ich dachte: Wenn die Maschine so freundlich antwortet und Kunden besser betreut als wahrscheinlich manches andere Servicetelefon, dann hat das Riesenpotenzial«, erzählt Stegmann. Daraufhin habe er das Innovationslabor des Landes – InnoLab_bw – beauftragt herauszufinden, wie man KI in der Verwaltung einsetzen könnte. Zurück kam das InnoLab mit Aleph Alpha.

Zwei Jahre später haben 330 000 Mitarbeiter und Mitarbeiterinnen in der baden-württembergischen Landesverwaltung Zugriff auf eine KI-Assistenz mit dem Namen F13, das die Verwaltung und das Jungunternehmen zusammen entwickelt haben. Der Name ist eine Anspielung auf die Funktionstasten in der obersten Reihe der Computertastatur, mit denen sich bestimmte Arbeitsschritte schneller und einfacher ausführen lassen als mit der Maus. Die Tasten F1 bis F12 gibt es schon, F13 steht in Baden-Württemberg jetzt für beschleunigte Verwaltungsprozesse per Knopfdruck.

Das Programm funktioniert ähnlich wie ChatGPT, wurde aber speziell für den Einsatz in der Verwaltung angepasst und optimiert. Als oberstes Ziel will die Landesverwaltung damit die Informationsflut für die Beschäftigten beherrschbar machen und das interne Wissensmanagement verbessern. Die konkreten Anwendungsfälle und Anforderungen hat das InnoLab zusammen mit Aleph Alpha erarbeitet. Bei dem derzeit noch im Prototypstadium befindlichen Programm gibt es drei Funktionen: Zusammenfassen, Recherchieren und die Erstellung eines Kabinettsvorlage-Vermerks. Ein Kabinettsvorlage-Vermerk ist eine Art Kurzbriefing für die Minister, mit dem sie über den Sachstand zu einem Tagesordnungspunkt der Kabinettssitzung informiert werden. Bisher mussten ihre Mitarbeiter dafür die Informationen selbst zusammenfassen. Jetzt bekommen sie per Knopfdruck einen Entwurf, der direkt nach den Vorgaben des jeweiligen Ministeriums formatiert ist. Es gibt Unterpunkte wie eine Kurzzusammenfassung, Verfahrenshinweise, eine Zusammenfassung der wesentlichen Inhalte und einen Platzhalter für eine Stellungnahme. »Die politische Bewertung soll die KI nicht vornehmen, die Schlussfolgerung trifft der jeweilige Mitarbeiter«, sagt Florian Stegmann. »Dafür haben wir auf einmal sehr viel mehr Zeit. Er kann überlegen, was heißt das eigentlich, wird der Koalitionsvertrag umgesetzt, ist das eine gute Initiative, ist die vielleicht presserelevant, was wäre der nächste Vorschlag?«

In Entwicklung befindet sich noch der »Vermerkomat«, der Fließtexte aus verschiedenen Dokumenten wie internen Landtagspapieren, Zeitungsartikeln und Geschäftsberichten erstellen kann. Zwar können sich die Nutzer bei F13 genau wie bei anderen generativen KI-Lösungen nie sicher sein, dass in dem maschinell erzeugten Text keine Fehler sind. Aber F13 bietet immerhin eine Hilfestellung, um das schneller zu überprüfen. Bei allen Zusammenfassungen können sich die Nutzer für jeden Stichpunkt anzeigen lassen, auf welche Quelle sich die KI bezieht.

Bei der Einführung von F13 hatte Baden-Württemberg Glück. Der Prototyp stand bereit, als sich der große Hype um ChatGPT 2023 in Deutschland ausbreitete. »Jeder wollte ChatGPT ausprobieren«, sagt Stegmann. Die Sorge, dass Beschäftigte auch vertrauliche Regierungsinformationen in den Chatbot eines US-Technologieunternehmens eingeben könnten, habe die Politik umgetrieben. »Wir hatten ein souveränes und von uns verantwortetes Tool, das die Beschäftigten in ihrem Geschäftsbereich ausprobieren konnten«, sagt Stegmann. Andere Verwaltungen standen indes mit leeren Händen da. Die Nachricht von der Lösung aus Baden-Württemberg hat so schnell die Runde gemacht. Der Staatsminister ist nach eigenen Worten vom Interesse der anderen Landesregierungen, der Bundesregierung und der Kommunen »überwältigt« worden: »Alle ziehen und zerren und wollen es jetzt sofort nutzen.«

Die Bundesregierung will »vertrauenswürdige KI« fördern

Dass dahinter mehr als Marketing für die eigene Sache steckt, hat der Bundesminister für Digitales und Verkehr, Volker Wissing, bestätigt. »Es ist in der Tat mein Ziel, dass wir das so schnell wie möglich auch in die Verwaltung des Bundes übernehmen«, sagt er zu F13. Anlass für die Aussage war eine Pressekonferenz in Heilbronn. Knapp 70 Kilometer entfernt von Heidelberg soll dort nach dem Willen des Lidl-Gründers Dieter Schwarz Europas größtes Zentrum für KI-Entwicklung entstehen, der Innovation Park Artificial Intelligence (Ipai). Mit Milliarden aus der Dieter Schwarz Stiftung wird ein Campus mit Arbeitsplätzen und Laboren für 5000 Entwickler und Forscher aufgebaut. Firmen mit ihren kommerziellen Projekten sollen sich ansiedeln, Dieter Schwarz will aber auch Bildung und Wissenschaft im Bereich der KI fördern. Und wie auf der Pressekonferenz verkündet wird, sollen Wissenschaftler von dort mit an Aleph Alphas kniffligsten Forschungsfragen arbeiten. Ihre Ergebnisse können dann auch wieder die KI für die Verwaltung besser machen.

Künstliche Intelligenz werde »sehr viele Probleme lösen, die wir in der analogen Welt nicht mehr gut bewältigen können«, sagt Wissing. Mit Blick auf den Staat nennt er das Fachkräfteproblem in der Verwaltung. Vieles könne mit Künstlicher Intelligenz schneller erledigt werden. Für alltägliche Verwaltungsdienstleistungen Termine vereinbaren, immer längere Wartezeiten und Nummern ziehen vor Ort – all das führe zu gesellschaftlicher Frustration, die mit Künstlicher Intelligenz vermieden werden könne. »Und deswegen wird es sehr wichtig sein, dass wir im Bereich der öffentlichen Verwaltung KI-gestützte Systeme nutzen«, sagt der FDP-Minister. Er glaubt: »Wir haben gar keine Alternative dazu.«

Klar wird in Heilbronn aber auch, dass in der Verwaltung von Bund und Ländern trotz des Automatisierungsdrucks nicht irgendeine KI implementiert werden kann und soll. KI-Systeme erhöhten die Produktivität in einem solchen Maße, dass künftig wohl nur noch diejenigen mithalten könnten, die KI nutzen, führt Volker Wissing aus. »Umso wichtiger ist es, dass wir uns darauf vorbereiten, schnell KI-Systeme zu implementieren, aber eben auch dafür zu sorgen, dass KI-Systeme vertrauenswürdig sind.« Der Prozess dürfe nicht verzögert werden durch Fragen der Manipulation und Transparenz. »Und deswegen haben wir ein großes Interesse daran, dass wir KI made in Europe bekommen.« Im August weiß Volker Wissing auf Nachfrage nicht, wie weit Gespräche über die Einführung von F13 in den Bundesministerien fortgeschritten sind. Die soll es bereits geben, entscheiden muss darüber aber Bundesinnenministerin Nancy Faeser von der SPD.

In den darauffolgenden Wochen und Monaten wird sich der Digitalminister bei öffentlichen Auftritten immer häufiger zu KI äußern. Und es wirkt zunehmend so, als wolle er Bundeswirtschaftsminister Robert Habeck von den Grünen die Kompetenz für das Thema streitig machen. In Branchen- und Regierungskreisen ist zu diesem Zeitpunkt zu hören, dass sich viele Unternehmen und Forschungsinstitute mit ihren KI-Belangen jetzt beim Digitalministerium melden, das sei dafür empfänglicher als das Wirtschaftsministerium. In einer Sache scheinen Wissing und Habeck aber auf einer Linie zu sein. Beide versuchen, die anstehende KI-Regulierung in Brüssel so zu gestalten, dass sie für junge KI-Unternehmen keine Startschwierigkeiten darstellen. Wissing wirbt bei einer Veranstaltung der FDP-Bundestagsfraktion in Berlin dafür, dass der AI Act der EU »nur die Produkte regulieren, aber nicht die Technologie« steuern soll. Berlin tut viel, so der Eindruck in diesen Tagen, um seinem KI-Hoffnungsträger Aleph Alpha alle möglichen Hürden aus dem Weg zu räumen.

Eine Mission entgegen aller Wahrscheinlichkeit?

Die Hoffnungen auf einen europäischen KI-Champion werden nicht nur von gemeinnützigen Stiftungen und in Berlin gehegt. Auch viele deutsche Industrieunternehmen wollen ihre sensiblen Daten lieber einem Anbieter aus Deutschland anvertrauen als den großen US-Techkonzernen. Es ist Anfang November 2023, als Aleph Alpha seine lange erwartete Finanzierungsrunde verkündet. 500 Millionen Dollar sind es geworden. Neben dem Ipai beteiligen sich unter anderem einige der bekanntesten deutschen Konzerne: der Industriekonzern Bosch, die Schwarz-Gruppe mit Kaufland und Lidl und der Softwarekonzern SAP. Zusammen stemmen sie die zweitgrößte Finanzierungsrunde, die es für ein KI-Unternehmen in Europa je gegeben hat. Und Bundeswirtschaftsminister Robert Habeck kommt persönlich zu einer Pressekonferenz in Berlin, um die Nachricht mit zu verkünden.

Jonas Andrulis aber ist kein Mensch, den das in Euphorie versetzt. Zu realistisch schätzt er seine Chancen ein. Seine 500 Millionen sind verschwindend gering gegen den zweistelligen Milliardenbetrag, den Microsoft in OpenAI gesteckt hat. Und das US-Unternehmen will in alle Bereiche vordringen: »Ich weiß, dass Microsoft erkannt hat, dass es kaum etwas Wichtigeres im technologischen Bereich gibt und dass sie beschlossen haben, eine dominante Stellung einzunehmen«, sagt er mir in einem Telefonat. Seitdem antizipiere er, dass Microsoft mit dem Partner OpenAI seine Firma »existenziell bedrohen« werde.

Wer ihn so hört, muss sich fragen, warum seine Investoren überhaupt auf Andrulis kleine Firma setzen. Andrulis macht nicht die großen Versprechen, wie sie typisch für die Start-up-Szene und vor allem das Silicon Valley sind. Vielmehr scheint es in diesen Tagen, als wolle er den Druck auf sich und seine Firma nicht noch weiter erhöhen. »Machen wir uns nichts vor«, sagt er. Das Ziel einer europäischen Technologiesouveränität sei eine Mission »against the odds« – also entgegen aller Wahrscheinlichkeit.

Aus Sicht der Investoren lohnt sich das Wagnis dennoch. Zu wichtig scheint es für die Industriekonzerne, dass es zu den amerikanischen KI-Anbietern eine Alternative gibt. Sie wollen, dass es ein leistungsstarkes KI-Unternehmen in Europa gibt, das sie beauftragen können, wenn Datenschutz- und Datensicherheit besonders wichtig sind und sie möglichst genau wissen wollen, wie das KI-System zu seinen Ergebnissen gekommen ist.

Dabei stiftet nicht zuletzt die enge Zusammenarbeit von Aleph Alpha mit der baden-württembergischen Landesverwaltung Vertrauen. Für Jonas Andrulis könnte es wohl kaum bessere Markenbotschafter geben als den Staatssekretär Florian Stegmann und den baden-württembergischen Ministerpräsidenten Winfried Kretschmann. Das Land ist ohnehin stolz auf seine KI-Förderpolitik, die Stärke seiner Hochschulen, Forschungsinstitute und Unternehmen im Bereich der Künstlichen Intelligenz. Für die Umsetzung des Ipai-Projektes in Heilbronn hat der Landtag bis zu 50 Millionen Euro bereitgestellt. Über die Kooperation mit Aleph Alpha sagt Kretschmann bei der Pressekonferenz am Ipai: »Wir haben ein Start-up an unserer Seite, das für Transparenz und damit auch Erklärbarkeit steht.« Auch Kretschmann hat für die baden-württembergische Behörden-KI geworben – nicht nur wegen ihrer Funktionen: Mit dem F13-Projekt sei die Landesverwaltung frühzeitig eingestiegen, KI auch selbst zu nutzen und nicht immer nur darüber zu reden, sagt er. »Wenn man das selber nutzt, hat man plötzlich einen ganz anderen Blick darauf.«

Jonas Andrulis dürfte dieser Satz viel bedeuten, zumal er das F13-Projekt zunächst gegen den Willen seiner frühen Investoren gestartet hatte. Andre Retterath vom Wagniskapitalgeber Earlybird erzählt: »Die Frage, ob wir Richtung Gov-Tech gehen, war eine Riesendiskussion im Beirat.« Bei Wagniskapitalgebern würde Technologie für Verwaltungen und öffentliche Organisationen (also Governance Technology) grundsätzlich kritisch gesehen. »Da dauern die Verkaufszyklen Jahre«, erklärt Retterath die weitverbreitete Skepsis. Aber Andrulis habe dagegengehalten: »Das kann doch nicht sein, das ist wichtig – hier geht's um die Zukunft unseres eigenen Landes«, erinnert er sich. »Irgendwann waren wir an dem Punkt zu sagen: Lass ihm die Verwaltung, solange er auch bei klassischen Unternehmen liefert«, schildert Retterath. »Und jetzt sieht man ihm bei jedem Meilenstein an, dass sein Blick ganz stolz sagt: Ich zeige euch, das klappt mit der Verwaltung, und Deutschland bekommt das hin.«

Viele KI-Wissenschaftler und KI-Unternehmer weltweit haben im Jahr 2023 Briefe unterschrieben, in denen sie vor den Risiken Künstlicher Intelligenz warnen. Im März forderte Tesla-Chef Elon Musk zusammen mit renommierten KI-Forschern wie dem kanadischen Informatiker Yoshua Bengio einen sechsmonatigen Forschungsstopp. »KI-Systeme, die mit menschlicher Intelligenz konkurrenzfähig sind, können tiefgreifende Risiken für die Gesellschaft und die Menschheit darstellen«, schrieben sie. Zwei Monate später verglichen KI-Experten um den

OpenAI-Chef Sam Altman, DeepMind-Gründer Demis Hassabis und den früheren Google-Manager Geoffrey Hinton diese mit den gesellschaftlichen Risiken von »Pandemien und Atomkrieg«. Sie forderten, es solle zur globalen Priorität werden, das Risiko einer »Vernichtung durch KI« zu vermindern. Jonas Andrulis aber hält nichts davon, Panik zu verbreiten. Damit sei der Welt nicht geholfen, sagt er. »Natürlich gibt es wie bei jeder neuen Technologie Risiken. Und da es um die bisher schnellste industrielle Revolution geht, kann dabei auch ordentlich etwas schiefgehen«, sagt er. Zum aktuellen Zeitpunkt halte er die Gefahren durch KI aber eher für vergleichbar mit denen des Internets.

Für Europa sei das Problem vielmehr, dass es momentan in einer von KI geprägten Zukunft noch gar keine Möglichkeiten zur Gestaltung habe: »Wenn wir überhaupt in der Lage sein wollen, die potenziellen Gefahren der Zukunft zu beeinflussen – also auch die kulturellen und sozialen Gefahren –, dann müssen wir in Europa zunächst einmal in eine Rolle kommen, in der wir handlungsfähig sind.«

Wer Andrulis immer wieder trifft und ihm genau zuhört, der merkt, dass er nie davon spricht, ein deutsches OpenAI oder gar Microsoft aufzubauen. Dabei bieten sich ihm viele Bühnen dazu: die DLD-Konferenz und die Start-up-Messe Bits & Pretzels in München, die Slush'D in Heilbronn, die Schifffahrt über den Neckar. Andrulis ist keiner, der das Pitchen und die Bühne liebt. Er nennt sich selbst einen Nerd, und manchmal klingt er mit seinen technischen Begriffen auch so. Aber über KI zu reden, ist nun Teil seiner Mission. Und Woche um Woche wird er besser darin, Worte zu wählen, die alle verstehen.

An einem Augustabend lädt er mich in sein Haus in der 2500-Einwohner-Gemeinde Gauangelloch ein. Bei einer Pizza am Wohnzimmertisch geht es um seinen Werdegang. Für den Seriengründer ist Aleph Alpha das dritte Unternehmen. Beim ersten ging es um intelligente Logistik. Beim zweiten hat er

Computerspieler KI trainieren lassen. Das Geschäftsmodell von Pallas Ludens war vergleichbar mit den Captcha-Tests, bei denen Internetnutzer beweisen müssen, dass sie keine Roboter sind. Nutzern wird zum Beispiel eine Reihe von Bildchen gezeigt, auf denen sie diejenigen mit einem Fahrrad markieren sollen. Jedes Mal, wenn jemand einen solchen Test macht, kann damit eine KI trainiert werden. Pallas Ludens hat dieses Vorgehen 2014 in Computerspiele integriert. Der Clou: Dem Start-up gelang es, KI-basiert herauszufinden, welche Gamer welche Aufgaben besonders gut lösen konnten und mit welchen gelösten Bilderrätseln die KI die größten Fortschritte machte. Das war für Techkonzerne so interessant, dass Apple die Firma 2016 kaufte, was Jonas Andrulis eine Position im höheren Management unter CEO Tim Cook einbrachte.

Über den Deal und seine Aufgaben bei Apple darf der Unternehmer wenig sagen. Fest steht, dass er sich seitdem über sein eigenes Auskommen keine Gedanken mehr machen muss. Bei Aleph Alpha zahlt er sich bisher fast kein Gehalt. Einen Doktoranden, der an komplizierten Fragen der Nachvollziehbarkeit von KI forscht, zahlt er zum Teil aus eigener Tasche. Andrulis will jetzt etwas wirklich Wichtiges machen und Europa eine eigene KI-Technologie in die Hände legen: »Wenn wir diese Technologie so bauen, dass wir den Menschen in die Lage versetzen, Verantwortung zu übernehmen und nachzuvollziehen, wie dieses technische Tool funktioniert; wenn wir das zugänglich machen für unsere Unternehmen und unsere Regierung und unsere Journalisten und unsere NGOS, dann können wir souverän in ein neues Zeitalter kommen, und dann können wir als Gesellschaft gemeinsam ein paar knifflige Fragen lösen.«

Und es gibt so viele Fragen, die Andrulis nicht allein beantworten will, obwohl so viele Menschen in Deutschland sich gerade von ihm Antworten darauf erhoffen: »Ja, was bedeutet denn eine Ära, in der KI Wissensarbeit ungefähr so gut machen kann wie Menschen?«, fragt er. »Wie können wir denn die kulturellen, die sozialen, die politischen Anforderungen, die in dieser Ära kommen, gemeinsam lösen?« Er glaube nicht, dass er, Jonas Andrulis, die Lösung habe oder sie gar mit seiner Technologie schon bereitstellen könne. »Wir müssen das gemeinsam herausfinden.«

Auf einen Blick

Hauptthema: Auch Verwaltungen sehen großes Potenzial, Prozesse mit KI schneller und effizienter zu machen. In Baden-Württemberg hat die Landesverwaltung einen Pilotversuch mit Aleph Alpha aus Heidelberg gestartet.

Warum das wichtig ist: Der Automatisierungsdruck in den Behörden ist ähnlich groß wie bei vielen Unternehmen. Zugleich gelten dort jedoch auch besondere Anforderungen an die Nachvollziehbarkeit von Entscheidungen und die Sicherheit der Daten.

Hintergrund: Aleph Alpha ist Deutschlands große Hoffnung im KI-Rennen. Die Firma hat sich von vornherein auf KI für Behörden und Unternehmen spezialisiert. Deshalb legt Gründer

Jonas Andrulis auch viel Wert darauf, dass seine Technologie keine Blackbox ist. Sein Unternehmen ist führend bei der Entwicklung von sogenannter erklärbarer KI.

Ausblick: Die Hoffnung ist groß, dass Künstliche Intelligenz das Fachkräfteproblem in der Verwaltung löst. Laut Digitalminister Volker Wissing wird es künftig gar keine Alternative zum Einsatz von KI-Systemen geben. Ob das überall F13 wird, ist noch nicht entschieden. Für Aleph Alpha zahlt sich der Pilotversuch trotzdem schon aus: Die Politiker in Baden-Württemberg sind Werbebotschafter für die KI aus Heidelberg geworden.

Medizin: KI, die Krankheiten erkennt und heilt

Die riesigen Gebäude in Santa Clara im Süden des Silicon Valley wirken, als wären zwei Raumschiffe inmitten der Stadt gelandet. Und das ist auch so gewollt: Hier hat der wertvollste Chipkonzern der Welt, Nvidia, seinen Hauptsitz. Die beiden Gebäude heißen Voyager und Endeavor, so wie Raumschiffe aus der Science-Fiction-Serie *Star Trek*. Die Gebäude sollen Ausdruck des Firmenanspruches sein, einen Weg in eine von hochwertiger Technologie dominierte Zukunft zu weisen.

Die riesige Glasfront von Endeavor ist von mächtigen, schwarz lackierten Metallstreben durchzogen. Nvidias Mitarbeiter erreichen das Gebäude über eine unterirdische Parkgarage. Die Bürofläche erstreckt sich über rund 46 000 Quadratmeter, etwa so viel wie sieben Fußballfelder. Ein von Bäumen und Pflanzen gesäumter Weg führt hinüber in das erst im Jahr 2022 voll eröffnete Voyager-Gebäude. Der Eingangsbereich ist von einer riesigen, mit Pflanzen bewachsenen Wand geprägt. Die Decke wirkt auf den Besucher wie ein gigantisches Zirkuszelt und lässt viel Sonnenlicht herein. Über eine Treppe sind Besprechungs- und Arbeitsplätze erreichbar. Gräser, Reben und Sträucher wachsen aus langen eingebauten Pflanzgefäßen. An vielen Arbeitsplätzen ranken die Pflanzen sogar wie in einem Laubengang über den Schreibtisch. Die gesamte Fläche des Gebäudes erstreckt sich über rund 70 000 Quadratmeter – das entspricht zehn Fußballfeldern.

In einem der modernen Konferenzräume empfängt mich Kimberly Powell. »Willkommen bei Nvidia«, begrüßt sie mich. »Ich hoffe, unsere Umgebung inspiriert Sie genauso wie uns.« Seit rund 15 Jahren arbeitet die Managerin bei Nvidia. Inzwischen ist sie für das globale Gesundheitsgeschäft zuständig. Aber wohl noch nie sei die Arbeit so spannend gewesen wie gerade. Sie führt aus: »Künstliche Intelligenz ist wie eine Superkraft.

Sie wird uns helfen, Krankheiten zu heilen, Probleme früher zu erkennen und bessere Behandlungen zu entwickeln.« Niemals zuvor in der Geschichte seien so viele Daten über die Gesundheit von Menschen gesammelt worden wie heute. »Die Analyse von Gendaten eines Menschen war noch vor wenigen Jahren sehr aufwendig, teuer und langwierig. Heute gehört die Genanalyse in vielen Bereichen zur Standarduntersuchung«, sagt Powell. Sprachmodelle wie die hinter ChatGPT sind darauf trainiert, menschliche Sprache zu analysieren. »Aber unsere biologischen Daten sind auch eine Art Sprache. Und auch diese Sprache kann Künstliche Intelligenz beherrschen lernen«, sagt Powell.

Nvidia liefert die Chips und die Software, die neue medizinische Anwendungen möglich machen sollen. Die Gesundheitsindustrie sei auf dem Weg, einen globalen Umsatz von zwei Billionen Dollar zu erwirtschaften. Trotzdem gebe es weiter Zehntausende Krankheiten ohne eine passende Behandlung. »Es dauert zehn Jahre und kostet rund zwei Milliarden Dollar, ein neues Medikament auf den Markt zu bringen«, rechnet Powell vor. Künstliche Intelligenz sei in der Lage, an mehreren Stellen zu helfen: Mit KI-Systemen ließen sich große Datenmengen analysieren. So könnten vorhandene Informationen im Gesundheitssektor besser ausgewertet werden. Das könne dabei helfen, aussichtsreiche neue Wirkstoffe zu erkennen. Denn es gebe unzählige Kombinationsmöglichkeiten für Proteine in einem Arzneimittel. Aber nur wenige der zunächst vielversprechenden Kandidaten für ein neues Medikament stellten sich am Ende auch als sinnvoll und sicher heraus.

Die finale Struktur eines Proteins entscheidet

Künstliche Intelligenz kommt also bereits bei der Analyse von Proteinen als zentralen Bausteinen des Lebens ins Spiel. Proteine sind für fast alle biologischen Prozesse im Körper verantwortlich.

Zellen produzieren diese Proteine, indem sie Aminosäuren aneinanderreihen. Dabei entstehen lange Ketten von Aminosäuren, die sich von allein in eine dreidimensionale Struktur wie zum Beispiel eine Spirale legen. Die Art und Weise, wie sich Aminosäuren zu einer solchen Struktur organisieren, wird Proteinfaltung genannt. Der Vorgang lässt sich mit einem Origamipapier vergleichen. Am Anfang steht ein flaches Blatt Papier. Wenn es richtig gefaltet wird, entsteht am Ende eine detailreiche Blume oder etwa ein Vogel.

Jedes der mindestens 80 000 Proteine im menschlichen Körper hat eine einzigartige Gestalt. Ihre finale Struktur entscheidet darüber, wie sie sich in den Zellen verhalten und wie sie dort wirken. Deshalb sind Informationen darüber essenziell für die Entwicklung von Medikamenten. Allerdings ist bisher nur bei wenigen Proteinen die genaue Struktur bekannt. Das macht die Proteinfaltung zu einem der wichtigsten Forschungsgebiete in der Biologie. Seit Jahrzehnten versuchen Wissenschaftler herauszufinden, ob sich allein anhand der Abfolge von Aminosäuren die spätere Struktur eines Proteins vorhersagen lässt. Seit den 1970er Jahren probieren sie, das Geheimnis der Proteine mit dem Computer zu berechnen. Doch auch mit diesen Verfahren dauerten Experimente oft Jahre, und die Ergebnisse waren nicht befriedigend.

Das hat sich im Jahr 2020 geändert. Ein Team der Firma DeepMind von Demis Hassabis, den Sie bereits in Teil 1 kennengelernt haben, stellte die Plattform AlphaFold vor. Sie kann die dreidimensionale Struktur von Proteinen in zuvor ungekannter Genauigkeit berechnen. Möglich gemacht haben das wiederum die Spezialprozessoren von Nvidia. Nun können Computersysteme einen weiten Teil der Analyse und Berechnung von Proteinen für neue Medikamente digital simulieren. Nur die besten Kandidaten müssen später in Experimenten synthetisiert und getestet werden. »Ich arbeite seit 50 Jahren an der Struktur von

Proteinen. Und ich dachte schon, ich würde die Lösung dieses Problems nicht mehr erleben«, schwärmte die britische Bioinformatikerin Janet Thornton nach der Vorstellung der digitalen Proteinfaltung von DeepMind.

Mittlerweile gibt es ein Wettrennen unter den Pharmafirmen, die technologischen Durchbrüche für die Entwicklung neuer Medikamente und Impfstoffe zu nutzen oder gleich die gesamte Forschung grundsätzlich zu verändern. Daher steigt die Nachfrage nach Nvidia-Chips im Gesundheitsbereich stark an. Zwischen den Pharmafirmen ist ein Wettbewerb darum entbrannt, wer die besten Lösungen entwickelt, die auf komplexen Proteinen beruhen, die mittels Künstlicher Intelligenz errechnet wurden.

KI wird schon lange in der medizinischen Forschung eingesetzt. Aber die neuen Systeme machen völlig neue Analysen möglich. Alle großen Impfstoffentwickler integrieren inzwischen Künstliche Intelligenz in ihre Forschung. Der Pharmakonzern Moderna aus Cambridge in den USA hat KI-Kurse zur Pflicht für alle Beschäftigten gemacht und dafür eine firmeninterne Weiterbildungsakademie ins Leben gerufen. »Wir wollen, dass alle Mitarbeitenden und Wissenschaftler bis hin zum CEO an den Schulungen teilnehmen«, sagt Firmenchef Stéphane Bancel im Interview mit der US-Plattform Semafor im September 2023. Der aus Mainz stammende Pharmakonzern BioNTech setzt ebenfalls auf Künstliche Intelligenz. BioNTech-CEO Uğur Şahin sieht KI als so wichtig an, dass er gleich eine ganze KI-Firma aufkaufte. InstaDeep aus Großbritannien soll BioNTech helfen, Künstliche Intelligenz noch stärker in die Impfstoffentwicklung zu integrieren. Rund 362 Millionen Pfund, damals etwa 410 Millionen Euro, zahlte BioNTech im Januar 2023 für die Übernahme.

Die Investmentbank Morgan Stanley geht davon aus, dass innerhalb einer Dekade die Pharmaindustrie jährlich etwa 50 Milliarden Euro nur für Künstliche Intelligenz ausgeben wird. Fortschritte bei der Technologie lassen die Branche darauf hoffen, endlich ihren großen Datenschatz heben zu können. Pharmaunternehmen dokumentieren seit Jahrzehnten, welche Experimente sie durchführen, welche Wirkstoffe sie entwickeln und welche Patente sie angemeldet haben. Er ist jedoch eine große Herausforderung, all diese Informationen sinnvoll auszuwerten. Dabei kommt nun KI ins Spiel.

Pharmaunternehmen entwickeln ihre eigenen KI-Modelle, um möglichst zielgerichtet medizinische Forschung zu erleichtern. Die Finanzchefin vom britischen Pharmakonzern AstraZeneca, Aradhana Sarin, sagt, die Impfstoffentwicklung werde schon jetzt massiv beschleunigt. Die Zyklen zur Synthetisierung von Impfstoffkandidaten hätten früher bis zu zwölf Monate gedauert, jetzt wären es nur noch fünf bis sechs Monate. »Wir planen, es bald in drei Monaten zu schaffen«, kündigt Sarin im Jahr 2023 bei der Konferenz der Wirtschaftsvereinigung CFO Leadership Council in Boston an.

Aber nicht nur in der Entwicklung, auch in der Fertigung medizinischer Präparate hilft KI. »In Schweden, einem unserer größten Standorte auf der Welt, fertigen wir pro Jahr zwölf Milliarden Tabletten und Kapseln«, sagt Sarin. KI komme in jedem Schritt der Fertigung zum Einsatz. Das spezialisierte System analysiere eingehende Bestellungen und richte die Produktion danach aus. Es behalte alle nötigen Komponenten im Blick und könne dadurch Engpässe in der Lieferkette frühzeitig erkennen.

KI als Begleiter im Krankenhaus

Seit fast vier Jahrzehnten treibt Peter Lee die Forschung der Computerwissenschaften voran. Zuerst viele Jahre an der renommierten Hochschule Carnegie Mellon, dann für das US-Verteidigungsministerium, und seit mehr als einem Jahrzehnt leitet er die Forschungsabteilung beim Technologieunternehmen Microsoft.

»Noch nie war meine Aufgabe so wichtig wie heute«, sagt Peter Lee. Das erste Mal hatten wir uns in der Microsoft-Zentrale im Februar 2023 getroffen, als Microsofts Satya Nadella zusammen mit Sam Altman die um neueste KI-Systeme erweiterte Internetsuchmaschine Bing vorstellte. Damals durfte mir Lee noch nicht sagen, woran er gerade arbeitet. Das ist nun anders. Als wir uns vier Monate später sprechen, legt er seine Forschungen offen. Lee experimentiert zum Einsatz von Künstlicher Intelligenz in der Medizin. Er hat eine klare Vorstellung davon, wie die Zukunft aussehen kann: Ein Patient kommt in die Notaufnahme. Plötzlich bricht sein Kreislauf zusammen. Jetzt zählt jede Sekunde. Ärzte kämpfen um sein Überleben. Aber sie haben kaum eine Chance, sich über alle Details einen Überblick zu verschaffen. In dieser Situation kommt ein KI-Assistent ins Spiel. Er analysiert die Lage und findet schnell eine Lösung.

Mit der entsprechenden Szene steigt Lee in sein 2023 veröffentlichtes Buch *The AI Revolution in Medicine* ein. Die Situation ist zwar fiktiv, aber nicht frei erfunden, betont er. Schon heute besäßen KI-Systeme alle genannten Fähigkeiten. Das modernste Sprachmodell des amerikanischen Start-ups OpenAI, GPT-4, hat die medizinische Zulassungsprüfung in den USA mit Bravour bestanden, besser als 90 Prozent der ausgebildeten Ärzte. »Es war schockierend zu sehen, wie gut die Modelle abgeschnitten haben«, sagt Lee.

Seit mehr als einem Jahrzehnt forschen Lee und sein Team bei Microsoft an den besten KI-Lösungen. Mittlerweile hat der Windows-Konzern alles auf die Partnerschaft mit OpenAI gesetzt. Mehr als 13 Milliarden Dollar investiert Microsoft laut Insidern in die Firma.

Für Lee bedeutete das, dass er schon Monate vor der breiten Öffentlichkeit Zugang zu den leistungsstärksten Modellen von OpenAI bekam. »Ganz am Anfang mussten wir herausfinden, ob das System überhaupt irgendetwas über Medizin weiß«, erinnert sich Lee im Interview. Aber obwohl das Sprachmodell nie speziell für medizinische Diagnosen trainiert worden war, lieferte es direkt sehr gute Ergebnisse. KI-Systeme dürften aus Sicht Lees in Zukunft eine zentrale Rolle in der Medizin spielen. Im ersten Schritt könnten sie helfen, lästigen Papierkram zu übernehmen. Zusammen mit dem Medizintechnikanbieter Epic hat Microsoft ein System entwickelt, das Standardmitteilungen für Patienten formuliert. Dieses wird an den Kliniken in San Diego, Palo Alto und Wisconsin ausprobiert. Weitere Anwendungsmöglichkeiten drängen sich für ihn geradezu auf. Ein KI-System könne etwa die aktuelle Forschung im Blick behalten und Ärzte über die vielversprechendsten jüngsten Erkenntnisse informieren, sodass diese nicht viele Stunden mit der Analyse wissenschaftlicher Studien verbringen müssen. Darüber hinaus soll ein KI-System nach der Vorstellung von Lee zu einem ständigen Begleiter für Ärztinnen und Ärzte werden. Es verfolgt Dialoge mit Patienten, macht Vorschläge für deren Behandlung und übernimmt die Dokumentation. »Sie erleben bestimmt auch oft, dass Sie der Arzt kaum anschaut, weil er so viele Informationen in seinen Computer eintragen muss«, sagt Lee. KI sei in der Lage, diesen Schritt zu übernehmen, sodass sich Ärzte und Patienten wieder stärker auf den persönlichen Austausch konzentrieren können.

Datenschützer warnen vor Risiken

Lee und sein Team sind davon überzeugt, dass die medizinische Behandlung durch KI besser wird. Allerdings sind die Gefahren in der Medizin auch besonders hoch. Ausgerechnet die Weltgesundheitsorganisation, kurz WHO, die sich sonst vehement für den Einsatz digitaler Technologien ausspricht, sieht Künstliche Intelligenz kritisch. Vor allem der Einsatz großer Sprachmodelle wie GPT-4 sei mit etlichen Problemen behaftet. Die WHO kritisiert, dass oft nicht transparent sei, auf welcher Datenbasis die

Modelle trainiert wurden. Da die Modelle nur so gut sein können wie die zugrunde liegenden Daten, entstünden dadurch Risiken. Die Organisation sprach im Mai 2023 eine Warnung aus: »Die Daten, die zum Trainieren der KI verwendet werden, können verzerrt sein und irreführende oder ungenaue Informationen liefern.« Zudem gibt es das Problem der sogenannten Halluzinationen, bei denen die Systeme inhaltliche Fehler machen – zum Beispiel, weil für die Beantwortung einer speziellen Frage nicht genügend Daten vorliegen. Die Antworten von einem Sprachmodell wirken zwar oft professionell und eloquent. »Diese Antworten können jedoch völlig falsch sein oder schwerwiegende Fehler enthalten, insbesondere bei Antworten im Zusammenhang mit der Gesundheit«, warnt die Gesundheitsbehörde.

Damit spricht die Behörde einen besonders kritischen Punkt an. In dem Beispiel von Peter Lee rettet die Künstliche Intelligenz dem Patienten in der Notaufnahme das Leben, während die Ärzte kaum genug Zeit haben, die Gründe für die Empfehlung zu prüfen. Daher müssen sie sich voll auf die Angaben der KI verlassen. Rät der KI-Copilot in der Notaufnahme zu falschen Medikamenten oder zur falschen Behandlung, kann das ein Patientenleben kosten.

Die WHO sieht noch ein weiteres Risiko: die Sicherheit der Daten. KI-Systeme funktionieren sehr gut, wenn sie Zugriff auf besonders viele und detaillierte Daten haben. Gesundheitsdaten sind aber auch besonders sensibel. Wenn ein KI-Assistent sensible Gesundheitsdaten auswertet, besteht immer eine Gefahr für Missbrauch. Gesundheitsdaten könnten beispielsweise weitergegeben werden. Ausgerechnet Microsoft-Gründer Bill Gates hält genau so ein Szenario für realistisch. In einem Essay über die Chancen von KI geht er ausführlich auf deren Risiken ein. Dabei beschreibt er, wie KI-Copiloten unser Leben künftig begleiten können, und wirft kritische Fragen auf. Wenn KI-Systeme besonders viel über Menschen wissen, dürfen dann Versicherungen auf die Daten zugreifen? Und dürften sie das auch ohne das Einverständnis der Betroffenen? »Wenn das so sein sollte – wie viele Menschen werden die Systeme dann nicht nutzen wollen?«, fragt Gates.

Die Weltgesundheitsorganisation sieht die Antwort in der Formulierung strenger Regeln. Sie hat Leitlinien für den Einsatz von Künstlicher Intelligenz im Gesundheitsbereich formuliert. In einem 150 Seiten langen Dokument unter dem sperrigen Titel *Ethics and Governance of Artificial Intelligence for Health* fordert sie etwa, dass Regierungen Transparenz beim Einsatz von Sprachmodellen vorschreiben. Und sie fordert, dass Menschen bei wichtigen medizinischen Entscheidungen involviert sind.

Wo KI schon im Klinikalltag angekommen ist

In deutschen Kliniken ist der Einsatz von KI schon Alltag. Das zeigt ein Besuch am Uniklinikum in Bonn (UKB). Vorreiter beim Einsatz von KI-Programmen sind dort die Radiologen, zu denen die beiden Oberärzte Tatjana Dell und Christoph Endler zählen. Ihre Aufgabe ist es, mit bildgebenden Verfahren Diagnosen zu erstellen. Sie analysieren Röntgenbilder, um Knochenbrüche zu erkennen, und Computertomografie- (CT) oder Magnetresonanztomografieaufnahmen (MRT), um beispielsweise dem Verdacht auf Krebserkrankungen nachzugehen.

Wie KI dabei hilft, zeigt Oberärztin Dell an Computertomografiebildern der Lunge. Diese Bilder zeigen die Lunge quasi Scheibchen für Scheibchen – und zwar so, als würde man von oben in sie hineingucken. Für jeden Millimeter von oben nach unten gibt es ein eigenes Bild. Das Computerprogramm zeigt sie alle hintereinander an. Während Tatjana Dell mit der Computermaus scrollt, fährt sie immer weiter in die Lunge hinein. Die KI-unterstützte Diagnostik helfe, auffällige Strukturen zu erkennen, sagt sie und zeigt auf kleine weiße Punkte auf der CT-

Aufnahme: »beispielsweise Lungenrundherde«. Diese kleinen Gewebeknoten können ein Zeichen für Lungenkrebs sein. Wenn sie sich eine Minute durch die Lunge scrollen würde, könnte sie die Knötchen gut visualisieren. Schneller und besser geht das jedoch, wenn sie KI einsetzt. Tatjana Dell exportiert die Bilderserie in ein KI-Programm. Ein paar Augenblicke später erhält sie die Rückmeldung: Die Knötchen sind jetzt gelb markiert und durchnummeriert. Und noch wichtiger: Die Ärztin kann automatisch das Volumen der Knötchen berechnen lassen und sie mit früheren Aufnahmen vergleichen. Anhand der Zeit, innerhalb der sich das Volumen eines Tumors verdoppelt, kann Dell feststellen, ob er bösartig ist.

Die Radiologen am UKB haben das Programm lange getestet und sind zu dem Schluss gekommen, dass es verlässlich ist. Die Erfahrung zeigt: Wenn die KI bei der Diagnose Fehler macht, dann erkennt sie eher ein bisschen zu viel. Dann werden also helle Flecken auf den CT-Bildern als Knötchen markiert, die gar keine sind. Auch wenn die Ärzte sich diese Strukturen dann noch mal genauer anschauen müssen, sparen sie viel Zeit, sagt Tatjana Dell: »Einen ausgebildeten Arzt kostet die gleiche Messung je nach Krankheitszustand des Patienten bis zu mehrere Minuten mehr.«

Eine ähnliche KI-gestützte Analyse kann Christoph Endler bei der Diagnose von Prostatakrebs vornehmen. Der Oberarzt zeigt die MRT-Bilder der Vorsteherdrüse eines Patienten. Bei genauem Hingucken sieht man auf dem Schwarz-Weiß-Bild einen etwas dunkleren grauen Fleck. »Als Radiologe bin ich mir bei Betrachtung der verschiedenen Bilder sehr sicher, dass es sich hierbei um Prostatakrebs handelt«, sagt Endler. Ein einfacher Fall: Radiologen nutzen einen Score von eins bis fünf, um MRT-Bilder der Prostata zu bewerten. Bei einem Score von fünf seien sich Radiologen fast zu 100 Prozent sicher, dass der Patient Prostatakrebs hat, erklärt der Mediziner. Sein KI-Programm bewertet das genauso: Der Fleck wird gelb eingekreist, in einer Seitenleiste steht ein Score von fünf.

Es gebe aber auch Fälle, in denen die KI vermeintlich Krebs erkenne, wo die Ärzte zunächst nichts gesehen hätten. Dann schaue er sich die im KI-Programm markierte Stelle noch einmal genau an und prüfe sie auf Plausibilität. »Die endgültige Wertung obliegt letztlich dem Radiologen«, sagt Endler. Im Zweifel ziehen die Radiologen dann auch noch mal einen erfahrenen Kollegen oder eine erfahrene Kollegin hinzu.

An einem großen Klinikum wie dem UKB ist das leicht möglich. In kleinen Krankenhäusern im ländlichen Raum ist hingegen nachts manchmal gar kein Radiologe da. Dort würden KI-Tools mittlerweile genutzt, um in Notfällen eine erste Einschätzung zu treffen, berichten die Bonner Oberärzte. So könnten auch unerfahrene Ärzte über Nacht Knochenbrüche richtig versorgen. Ihr Team hat auch schon ein Tool getestet, das Bilder der Lunge so klassifiziert, dass Radiologen wissen, welchem Patienten sie sich zuerst widmen müssen. Dell sagt: »Wenn die Lunge mit Flüssigkeit zugelaufen ist, würde die KI-basierte Auswertung dem Kollegen signalisieren: Diese Aufnahme muss unbedingt anderen gegenüber vorgezogen werden.«

Die KI-Tools, die Tatjana Dell, Christoph Endler und ihre Kollegen unterstützen, werden immer besser. Könnten sie irgendwann auch tagsüber Radiologen an großen Kliniken ersetzen? Die Frage soll Ulrike Attenberger beantworten, die am UKB nicht nur Direktorin der Klinik für Diagnostische und Interventionelle Radiologie ist, sondern auch das Projekt Innovative Secure Medical Campus UKB leitet. Es soll untersuchen, wie Digitalisierung und KI die Patientenversorgung verbessert, das medizinische Personal entlastet und Diagnosen präzisiert.

Ulrike Attenberger freut sich über die Frage. »Der große KI-Forscher Geoffrey Hinton hat schon 2016 gesagt: ›Wir können jetzt sofort aufhören, Radiologen auszubilden‹«, meint sie.

»Das ist sieben Jahre her, und wir haben so viel Arbeit wie noch nie. Wir werden diese Arbeit in Zukunft nicht schaffen ohne Unterstützung von KI.« Attenberger verweist auf den Fachkräftemangel, die alternde Bevölkerung und den Wunsch nach Präzisionsmedizin, die auch als personalisierte Medizin bekannt ist. Auch in entlegenen Gebieten würden Patienten in Deutschland erwarten, dass sie Zugang zu einem Gesundheitssystem mit höchster Qualität bekämen. »Digitalisierung und KI scheinen da die Lösung zu sein.«

In Zukunft erhofft sich Ulrike Attenberger davon noch ganz neue Möglichkeiten. »Meine persönliche Prognose ist, dass wir irgendwann alle einen digitalen Zwilling haben, der uns sagt: Jetzt ist es wieder Zeit, zum Hausarzt zu gehen«, sagt die Klinikdirektorin. An diesen simulierten KI-Modellen könnten auch Therapien getestet und Prognoseabschätzungen getroffen werden. Es ist eine Idee, die auch in Kalifornien Anhänger hat.

Ein digitaler Zwilling für Patienten

In der Nvidia-Zentrale in Santa Clara hat sich ein weiterer Spitzenmanager neben Gesundheitschefin Kimberly Powell an den Konferenztisch gesetzt. Richard Kerris leitet den Bereich Omniversum. Darunter versteht der Chipkonzern Nvidia die Erschaffung digitaler Welten. »Kimberly und ich schauen aus unterschiedlichen Perspektiven auf das gleiche Problem«, erklärt Kerris. Dafür hat er ein konkretes Beispiel: »Bei einem guten Freund von mir wurde Krebs diagnostiziert«, erzählt er. Er habe ihn mit den besten Krebsexperten der Welt zusammengebracht. Dennoch sei die Behandlung eine Tortur gewesen. »Über Monate wurden unterschiedliche Mittel für die Chemotherapie ausprobiert.« Es war unklar, welches Mittel am besten anschlägt. »Dieser Prozess war die Hölle«, sagt Kerris. Und das sei keine Ausnahme: »Viele Krebspatienten machen das durch.«

Auch hier könne Künstliche Intelligenz helfen. Die Technologie werde immer besser, sodass man bald in der Lage sein könnte, ein digitales Abbild eines Menschen zu erstellen. »Stellen Sie sich vor, dass es einen digitalen Zwilling von Ihnen gibt, eine digitale Kopie Ihres Körpers«, beginnt Kerris das Gedankenexperiment. KI könne es dann möglich machen, dass einem Menschen nicht mehr über Monate hinweg unterschiedliche Präparate verabreicht werden müssen, die möglicherweise den Krebs gar nicht wirksam bekämpfen, aber den Körper schädigen und schwächen. »All das kann virtuell durchgespielt werden, und der Patient bekommt am Ende nur das perfekt auf ihn abgestimmte Medikament verabreicht«, sagt Kerris. »An einem digitalen Zwilling können Hunderte oder Tausende Szenarien durchgespielt werden, um die beste Behandlung zu planen.«

Damit greift Kerris ein zentrales Ziel auf, das die Medizin seit Jahrzehnten verfolgt. Noch nie waren so viele Daten über einen einzelnen Menschen verfügbar. Die medizinische Bildgebung mit MRT und CT hat sich stark verbessert. Die Sequenzierung der DNA eines einzelnen Menschen ist zeitlich und finanziell möglich geworden. Zudem tragen viele Menschen Fitnesstracker, die den Tag über und oft auch in der Nacht Vitalfunktionen und Bewegungsdaten erfassen. All diese Daten können für einen digitalen Zwilling zusammengeführt werden.

Für ein exaktes Bild des Menschen sind sie dennoch heute nicht genau genug. Nvidia konzentriert sich daher zunächst auf Zwischenschritte. Mit dem Medizintechnikunternehmen Atlas Meditech hat der Chipkonzern ein Projekt gestartet, in dem ein digitales Bild des Gehirns eines Patienten erstellt werden kann. Dieses digitale Modell dient als Trainingsbasis. Chirurginnen und Chirurgen können damit eine komplexe Operation am Kopf vorher genau durchspielen – und das mit einem konkreten digitalen Zwilling des Gehirns des Patienten, den sie später wirklich im Operationssaal behandeln müssen.

Ein komplettes Abbild eines ganzen Körpers kann Nvidia heute nicht erstellen. Das räumt auch Manager Kerris ein. Dafür seien noch viele Probleme zu lösen. Dies dürfe aber möglich sein, gibt sich Kerris zuversichtlich. Einen digitalen Zwilling könne es bald nicht nur für Krebspatienten geben, sondern für jeden Menschen, sagt Kerris. Er halte ein Szenario für gut vorstellbar, in dem jeder Mensch morgens gesagt bekommt, wie es um seine Gesundheit steht und was er oder sie am besten den Tag über machen kann, um die eigene Gesundheit weiter zu verbessern – alles dank digitaler Zwillinge. »Die Chancen sind gewaltig«, sagt Kerris.

Kerris gibt sich optimistisch. Das muss er auch. Für Nvidia geht es um viel Geld. Gelingt es dem Chipbauer, zum zentralen Partner der Medizinbranche zu werden, könnte sich die Firma ein riesiges Feld erschließen. Trotz aller Fortschritte im Bereich der Künstlichen Intelligenz ist die Vision eines digitalen Zwillings eines Patienten heute Zukunftsmusik. Niemand kann realistisch vorhersagen, wie lange die Forschung in dem Bereich noch dauern wird – oder ob der digitale Zwilling jemals einen Menschen komplett abbilden kann. Es gibt aber tatsächlich guten Grund zum Optimismus. Die digitale Nachbildung der Proteinfaltung schien über Jahrzehnte unlösbar. Heute ist sie ein fester Bestandteil der Pharmaindustrie. Natürlich übertreibt Kerris als Firmenvertreter, wenn es um die unmittelbaren Möglichkeiten der Technologie geht. Aber sein Grundoptimismus ist richtig. Die Technik hat gewaltiges Potenzial. Und noch nie schienen die Chancen so gut wie heute, dass sie eines Tages Realität wird.

Auf einen Blick

Hauptthema: Künstliche Intelligenz hilft schon heute bei der Krankheitserkennung und -behandlung. Fortschritte der Erforschung von Proteinen können die Entwicklung neuer Medikamente und Wirkstoffe stark beschleunigen.

Warum das wichtig ist: KI-Technologien revolutionieren die medizinische Forschung und Praxis, ermöglichen schnellere und präzisere Diagnosen sowie effektivere Behandlungen und tragen zur Entwicklung neuer Medikamente bei. Dies könnte den Gesundheitssektor grundlegend verändern und die Qualität der Patientenversorgung verbessern.

Hintergrund: Nvidia, ein führender Entwickler von KI-Chips und Software, treibt Innovationen im Gesundheitsbereich voran. Dessen Technologie unterstützt die Analyse komplexer medizinischer Daten und fördert die Entwicklung präziserer Behandlungsmethoden, etwa durch digitale Zwillinge. Große Pharmaunternehmen wie Moderna und BioNTech nutzen ebenfalls intensiv KI zur Beschleunigung der Impfstoffentwicklung und Medikamentenforschung.

Ausblick: Die Zukunft der medizinischen KI sieht vielversprechend aus, mit Potenzial für weitere Durchbrüche wie digitale Patientenzwillinge und noch effizientere Behandlungsmethoden. Gleichzeitig erfordert diese Entwicklung eine sorgfältige Abwägung von Datenschutz und ethischen Fragen, insbesondere im Hinblick auf die Sicherheit und Genauigkeit von KI-gestützten medizinischen Entscheidungen.

Kunst: Der Bot dreht den Blockbuster

Die riesige Fassade des New Mission Theater mit seinen großen Werbetafeln taucht die dunkle Straße in ein grelles Licht. Das Kino ist einer der Sehnsuchtsorte von San Francisco. Die US-Küstenmetropole wollte immer das kulturelle Zentrum des Staates Kalifornien sein, stand aber stets im Schatten der dominanten Filmindustrie aus Hollywood in Los Angeles. Das New Mission Theater in San Francisco hat den Anspruch, ein Gegenmodell zu den bombastischen Blockbusterkinos aus Hollywood zu sein. Seit der Eröffnung im Jahr 1916 hat es vor allem avantgardistischen Filmkünstlern eine Bühne geboten.

An diesem Abend will das Kino wieder einmal Hollywood herausfordern, aber anders als jemals zuvor. Es ist einer der seltenen Tage, an denen es in San Francisco regnet. Rund um den Eingang des Kinos drängen sich die Menschen trotzdem. Der große Kinosaal ist im Stil des spanischen Kolonialbarocks gebaut. Die hohen Decken sind mit kunstvollen Stuckarbeiten und Ornamenten verziert. Die Wände werden von deckenhohen Säulen verdeckt. Das Licht wird abgedunkelt und die Filmvorführung beginnt. Flammen züngeln auf der Leinwand empor, tanzen wild und ungestüm. In ihrem leidenschaftlichen Tanz zeichnet sich die Silhouette einer Frau ab. Es ist, als ob das Feuer selbst menschliche Formen annimmt, Gestalten, die sich in den Flammen bewegen und verschmelzen. Doch so schnell sie erschienen sind, verlöschen sie auch wieder, lassen nur Dunkelheit zurück. In der nächsten Szene wird erneut die Figur einer Frau sichtbar. Ihr Körper, nur spärlich von roten Stoffbahnen bedeckt, die sich um Bauch und Arme schlingen, steht im Kontrast zur düsteren Umgebung. Ein Schwarm Krähen umkreist die Frau, ihre schwarzen Augen fixieren sie, während sie drohend ihre Flügel ausbreiten.

Die Szenen gehören zu dem Kurzfilm *Protoplasm*. Aber keines der Bilder wurde von Kameras aufgenommen. Sie alle entstammen einer Künstlichen Intelligenz. Die Macherin hinter dem Film, Yuqian Sun, kommt nicht aus der Filmszene, sondern ist Informatikerin und promoviert an der britischen Kunsthochschule Royal College of Art. Insgesamt werden an diesem Abend 19 Filme gezeigt. Sun erhält für ihr Werk gleich mehrere Auszeichnungen. »Das ist das erste KI-Filmfest der Welt«, schwärmt Organisator Edward Saatchi. »Wir schreiben hier Geschichte.«

Nicht Hollywood, sondern die Technologiekonzerne aus dem Silicon Valley sind dabei, die nächste Revolution der Filmbranche anzustoßen. Dazu bittet Saatchi mehrere Experten auf die Bühne. Ein Star des Abends ist Cristóbal Valenzuela. Er ist der CEO von Runway. Das Unternehmen gilt als führend im Erstellen von Videos mittels Künstlicher Intelligenz. Anfangs stellte Valenzuela Werkzeuge bereit, mit denen sich aufgenommene Filmsequenzen verändern ließen. So konnte man beispielsweise nachträglich störende Gebäude entfernen oder Menschen hinzufügen, die ursprünglich gar nicht in der Szene auftauchen.

Mittlerweile ist das System in der Lage, nur aufgrund der Eingabe weniger Worte ganze Filmsequenzen zu kreieren. Die Eingabemaske zeigt etwa die Worte »Dschungel bei Tag«. Wenige Sekunden später produziert das System eine täuschend echte Szene aus einem Dschungel, mit üppigen Pflanzen und einem kleinen Pfad in der Mitte. »Dschungel Fluss Tag« führt zu einer Szene von einem breiten Fluss, der von dicht stehenden Bäumen und Palmen dominiert wird. Das schwache Sonnenlicht und leichter Nebel geben einen Hinweis, dass es sich um eine Szene am frühen Morgen handeln soll. Die Worte »Oase in der Wüste« lassen das System eine Szene kreieren, in der ein kleiner See, umringt von kleinen Büschen und einigen wenigen hohen Palmen, gezeigt wird. Im Hintergrund sind Wüstendünen erkennbar. Die Sonne ist klein im Hintergrund zu sehen.

Als ich mit Cristóbal Valenzuela ein Interview führe, klingt er begeistert. »Das ist erst der Anfang«, sagt er. Noch seien die per Künstliche Intelligenz kreierten Szenen auf wenige Sekunden begrenzt. Es sei aber nur eine Frage der Zeit, bis KI-Systeme nahezu alle denkbaren Filmsequenzen in beliebiger Länge kreieren könnten. Derzeit sei die Qualität der Künstlichen Intelligenz bei der Erstellung von Videos mit den Anfängen der ersten Filmkameras vergleichbar: »Diese Filme waren schwarz-weiß, und es gab noch keinen Ton.« Bei den Filmkameras dauerte es Jahrzehnte, bis sich verlässliche Farbfilmformate etablierten. Technicolor schaffte in den 1920er Jahren den Durchbruch. Bei KI könnten die Innovationssprünge schneller kommen, viel schneller. »Das Tempo ist rasant«, sagt Valenzuela. »Niemand kann verlässlich sagen, was die Systeme in ein paar Jahren leisten werden.« Sicher sei nur, dass diese weit besser als ihre Vorgängersysteme sein würden.

Valenzuela unterscheidet sich von den üblichen Gründern in der US-Techbranche. Während Techvordenker wie OpenAI-Chef Sam Altman schon als Kinder mit dem Programmieren anfingen, wuchs Valenzuela in Santiago in Chile ohne Computer auf. Seinen ersten eigenen PC hatte er erst mit 20 Jahren. Im Studium bewegte er sich an der Grenze zwischen Wirtschaft und Kunst. An der Universidad Adolfo Ibáñez in Santiago absolvierte er einen Bachelorstudiengang in Wirtschaft. Seinen Masterabschluss machte er in Design und wurde später Professor an der Kunstfakultät. Für ein Forschungsprojekt kam er an die New York University. Dort bewegte er sich weiter an der Schnittstelle zwischen technologischen Entwicklungen sowie Design und Kunst. Schließlich gründete er mit zwei Freunden Runway.

»Wir wollen Werkzeuge für Künstler schaffen. In unserem Bereich waren wir auch so etwas wie Künstler«, sagt Valenzuela. »Wir bauen keine Technologie, nur um neue Technologie zu erschaffen. Wir wissen, was Künstler wirklich brauchen.« Er beschreibt dabei seine Produkte ausschließlich als Werkzeuge. Die kreative Kraft komme letztlich von den Menschen. »Es wird niemals dazu kommen, dass du einfach die Wörter ›Star Wars Film‹ eintippst, und daraus entsteht ein kompletter Film über *Star Wars*«, sagt Valenzuela. Künstliche Intelligenz könne zwar Szenen erschaffen. Am Ende sei es aber ein Mensch, der die richtigen Sequenzen auswähle und zu einem fertigen Film zusammenfüge. »Die Auswahl ist letztlich Handarbeit. Das ist Teil des kreativen Prozesses«, sagt Valenzuela.

Für die Filmindustrie ist der Einsatz von Technologie nichts Neues. Schon heute sind Spezialeffekte ein fester Bestandteil der meisten Produktionen. Als 1977 der erste Film der *Star-Wars*-Reihe von George Lucas in die Kinos kam, etablierte er neue Maßstäbe. Das Weltraumepos war nur dank spezieller Effekte möglich. Seitdem wird die Technik immer weiter verfeinert. Vor zehn Jahren verunglückte Schauspieler Paul Walker tödlich bei einem Autorennen, bevor er die Dreharbeiten für einen Teil der Filmreihe *Fast & Furious* abschließen konnte. Für die letzten Szenen mussten Walkers Brüder Caleb und Cody etliche Szenen nachspielen, damit der Film erscheinen konnte. Mit Spezialeffekten wurden die Sequenzen so bearbeitet, dass es wirkte, als seien sie von Paul Walker selbst gespielt worden.

Moderne KI-Systeme können noch viel mehr und sind beispielsweise in der Lage, die Stimmen von Menschen nachzuempfinden. Künftig sollen Schauspieler komplett digital erschaffen werden können. Erste Filmstudios wollen Schauspieler dazu verpflichten, sich für Filmproduktionen zu digitalisieren. In Europas größtem Filmstudio in Potsdam-Babelsberg ist das bereits möglich. Dort können sich Schauspieler einscannen und in Avatare verwandeln lassen. Profis leuchten sie dazu aus und erfassen sie mit 42 Kameras von allen Seiten. Ein Computerprogramm setzt die Aufnahmen dann zu 3D-Figuren zusammen, die etwa als Statisten eingesetzt werden können. Statt die Schauspieler selbst zu buchen, können Produzenten sich in einer Art Onlineshop ihre Avatare herunterladen und sie durch

Parks und Fußgängerüberquerungen laufen lassen. Noch kommen die Gestik und Mimik von den echten Schauspielern. Doch auch dafür gibt es schon technologische Lösungen. Die chinesische Alibaba Group etwa hat eine Technologie entwickelt, mit der sich Fotos animieren lassen. Mit Animate Anyone können zum Beispiel die Bewegungen eines tanzenden Tiktok-Stars auf beliebige andere Personen übertragen werden. Ähnlich wie in den frühen Tagen von Bildgeneratoren hat die Technologie zwar noch Schwächen bei der korrekten Darstellung von Händen. Doch sie funktioniert bereits erstaunlich gut.

Hollywood rebelliert

Jane Fonda marschiert mit Entschlossenheit durch Hollywoods Straßen, ein Protestschild fest in der Hand. An ihrer Seite demonstrieren im Juli 2023 andere renommierte Schauspielerinnen und Schauspieler. Sie protestieren gegen die wachsende Dominanz der Künstlichen Intelligenz in der Filmindustrie und für eine angemessene Bezahlung. »Wir müssen kämpfen«, sagt Fonda. Sie fügt hinzu: »Es ist nicht hinnehmbar, dass KI uns ohne unsere Einwilligung und ohne Entlohnung reproduziert.« Viele Stars sehen die neuen KI-Systeme nicht als Werkzeug, sondern als das Ende ihrer Zunft. Nach monatelangem Arbeitskampf erwirken sie zumindest, dass Filmproduzenten künftig ihre Einwilligung einholen müssen, bevor sie digitale Kopien von ihnen erstellen oder aus Aufnahmen von ihnen und anderen Schauspielern neue synthetische Charaktere erstellen. Und wenn ihr eigener Avatar im Laufe einer Film- oder Serienproduktion für sie übernimmt, sollen sie genauso entlohnt werden, wie wenn sie wirklich mitgespielt hätten. Wie zukunftsträchtig dieses Geschäftsmodell ist, bleibt jedoch unklar.

Das Verhältnis von Mensch und Maschine verschiebt sich, auch im Film. KI-Systeme sind tatsächlich mehr als einfache

Werkzeuge, sie sind mehr als eine Filmkamera, die neue Sequenzen einfangen kann. Auch wenn Valenzuela sich als Partner der Künstlerinnen und Künstler sieht, empfinden viele Schauspielerinnen und Schauspieler ihn als eine Bedrohung. Während sie in Hollywood mit Schildern auf dem Walk of Fame demonstrieren, kann Valenzuela den Abschluss einer weiteren Finanzierungsrunde für sein Unternehmen bekannt geben: Investoren wie Google und der Chipspezialist Nvidia steckten frisches Kapital in die Firma und lassen die Bewertung auf 1,5 Milliarden Dollar ansteigen.

Auch andere Firmen steigen mit vielen Ressourcen und viel Geld in das Geschäft ein. Eines der einflussreichsten Technologieunternehmen mit engen Beziehungen zur Unterhaltungsbranche ist Adobe. Die Firma mit Hauptsitz in San José am Südende des Silicon Valley steht hinter Produkten wie der Bildbearbeitungssoftware Photoshop oder der Videosoftware Premiere. Nun setzt die Firma voll auf KI. Firefly, auf Deutsch Glühwürmchen, heißt das neue Paket, das KI-Funktionalitäten in alle Anwendungen des Unternehmens bringen soll. Per einfachem Befehl lassen sich Bilder erschaffen, die wie Fotos wirken. Videos lassen sich bearbeiten und kreieren, so ähnlich wie bei Runway. »Wir erhöhen die Geschwindigkeit und machen die Produkte erschwinglicher«, verspricht Adobe-Chef Shantanu Narayen. Künftig soll sich jeder Hobbyfilmer Effekte leisten können, die bislang nur aufwendige Filmproduktionen in Hollywood stemmen können. »Sie können sich auf ihre kreative Arbeit konzentrieren. Die Software kümmert sich um die Umsetzung«, sagt Narayen.

Wie viel kreative Arbeit am Ende dieser Entwicklung noch von Menschen gemacht wird, ist völlig offen. Darüber wollten wir für dieses Buch auch mit Netflix sprechen. Doch das Streamingunternehmen will zu dem Thema zur Zeit unserer Recherche weder Interviews noch Hintergrundgespräche anbieten – womöglich auch aus Angst vor negativen Reaktionen.

Während in Hollywood Schauspieler aus Angst um ihre Jobs streiken, berichten Medien über Stellenausschreibungen von Netflix für hoch bezahlte KI-Experten. Besonders die Suche nach einem Produktmanager für die Machine-Learning-Plattform sorgt für Aufsehen und Ärger. In der Jobbeschreibung heißt es: »Maschinelles Lernen/Künstliche Intelligenz treibt die Innovation in allen Bereichen des Unternehmens voran. Von der Unterstützung beim Kauf und der Produktion großartiger Inhalte über die Unterstützung unserer Mitglieder bei der Auswahl der richtigen Titel durch Personalisierung bis zur Optimierung unserer Bezahlprozesse und anderer umsatzorientierter Initiativen.« Es ist besonders der Hinweis auf die Erstellung von Inhalten, über den berichtet wird – und das Gehalt von bis zu 900 000 Dollar pro Jahr, das Kandidaten in Aussicht gestellt wird.

Dabei ist mit der Anzeige natürlich längst nicht gesagt, dass Netflix Schauspieler abschaffen will. Künstliche Intelligenz kann auf ganz unterschiedliche Art und Weise helfen, Inhalte zu generieren und zu verbessern. So hat Netflix bereits 2022 verschiedene Machine-Learning-Anwendungen vorgestellt, die vor allem den Schnitt und die Bearbeitung von Filmen einfacher machen sollen. Mit einer der Lösungen lassen sich zum Beispiel Filmsequenzen finden, die perfekt ineinander übergehen, indem sie eine Bewegung oder ein Bildmotiv fortsetzen. Mit einer weiteren Anwendung lassen sich Objekte identifizieren und markieren.

Andere Unternehmen haben weniger zu verlieren, wenn sie über ihre KI-Innovationen sprechen. Das Start-up Waymark aus San Francisco verbindet schon jetzt mehrere KI-Werkzeuge, um ganze Filme erschaffen zu lassen. Waymark-CEO Alex Persky-Stern verkauft das Angebot in erster Linie als Lösung für Firmen. Das System kann deren Website analysieren und daraus in kurzer Zeit einen Werbefilm kreieren. Textroboter wie die von OpenAI schreiben das Filmskript. Programme wie die von Runway erzeugen die Sequenzen. Und synthetische Stimmen wie die vom Start-up ElevenLabs lesen die Sprechertexte vor. Am Ende kann so ein ganzer Film mittels KI entstehen.

Die aus Kanada stammende Sängerin Grimes, die mit ihrem richtigen Namen Claire Boucher heißt, sieht KI nicht als Gefahr für ihre Karriere als Künstlerin, sondern als Chance. Sie hat die KI-Software Elf.Tech veröffentlicht. Wer sich für das Programm registriert, kann dann mit der Stimme von Grimes sprechen oder singen. Wer die Stimme für kommerzielle Zwecke nutzt, verpflichtet sich, die Umsätze mit Grimes zu teilen. Die Filmemacherin Justine Bateman sieht KI hingegen als Bedrohung. »Künstliche Intelligenz in der Kunst ist nichts weniger als die Zerstörung der 100 Jahre alten Filmindustrie«, schrieb sie im Mai 2023 in einem Essay für das US-Magazin *Newsweek*. Künstliche Intelligenz steuere schon heute, welche Beiträge und Werbeanzeigen wir in sozialen Netzwerken angezeigt bekommen. Sie trainiere uns zu immer kürzeren Aufmerksamkeitsspannen. Wenn jetzt noch KI-generierte Filme hinzukämen, verstärke sich der Trend. Wirkliche Kreativität werde zerstört, argumentiert Bateman. KI werde auf der Basis bestehender Filme kreiert. Wenn sich menschlich geschaffene Werke in Zukunft finanziell immer weniger lohnen würden, drohe ein KI-getriebener Einheitsbrei.

Die Erfindung der Promptografie

Einer, der ihr scharf widersprechen würde, ist Boris Eldagsen. Der Berliner Foto- und Videokünstler ist ein Pionier beim Einsatz von KI in der Fotokunst und der Erzeugung fotorealistischer Bilder. Zwischen Kunstausstellungen in Litauen und Onlineworkshops zur KI-Bildgenerierung nimmt er sich Zeit für eine Videoschalte nach Düsseldorf. Ich hatte bis dato schon einige Bildgeneratoren ausprobiert. Aber erst im Gespräch mit Boris

Eldagsen wird mir klar, dass es dabei um viel mehr als um per Knopfdruck erstellte Bilder geht. Vielmehr macht er begreiflich, dass gerade eine neue Kunstform entsteht. Es sei nämlich eine Sache, in einen Bildgenerator einzugeben: »Eine fette und hässliche französische Bulldogge isst Pizza am Bahnhof Zoo«, aber eine andere, auch sein Wissen über das Bildermachen in diesen Prozess einfließen zu lassen. Er gibt Beispiele: »Welches Medium möchte ich generieren lassen? Soll das aussehen wie Fotografie, Zeichnung, Malerei, 3D?« Mit der Entscheidung gehe es erst los: »Was ist das für eine Fotografie? Polaroid, analog, digital? Wie sollen die technischen Parameter aussehen? Was benutzt du für eine Kamera? Welches Objektiv, welche Marke, wie viel Belichtungszeit et cetera?« Hinzu kämen kompositorische Fragen: »Gucke ich mit der Kamera von oben nach unten auf den Hund? Oder aus der Pizzaperspektive? Passiert etwas im Vordergrund, Mittelgrund, Hintergrund?« Und was für Farben solle das Bild haben? »Knallbunt, monochrom, Winter, Sommer, Herbst? Soll es aussehen wie aus den 1970ern?« Eldagsen zählt noch Stile auf, Genres, die Auflösung.

Dann sagt er: Man muss diese Elemente nicht alle verwenden. »Aber jede Entscheidung, die ich nicht treffe, die trifft dann die KI für mich.« Für seine Bilder steuere er 50 bis 80 Prozent der Bildgenerierung. Darunter fallen viele kleine Bearbeitungsschritte, bei seinen Bildern seien es bis zu 150, sagt der Künstler. Dazu gehören Aufforderungen an die KI, an bestimmten Stellen innerhalb eines Bildes Änderungen vorzunehmen, zum Beispiel ein schwarzes Hemd durch einen rosafarbenen Pullover auszutauschen (das sogenannte Inpainting) oder das Bild an den Rändern zu erweitern und mit Inhalt zu füllen (Outpainting). In welchem Maße der Schöpfer sein neues Kunstwerk kontrollieren könne, hänge davon ab, wie gut er die Plattform oder gar mehrere Plattformen beherrsche und wie viel Erfahrung er oder sie mit dem KI-gestützten Bildermachen habe. »Ich werde wie ein

Regisseur in einem Film und habe ein Team von Assistenten«, erklärt Eldagsen den Prozess aus seiner Sicht.

Über Deutschland hinaus hat Eldagsen Anfang 2023 von sich reden gemacht. Denn eigentlich sollte er den renommierten Fotografiepreis Sony World Photography Award mit einem Doppelporträt von zwei Frauen gewinnen. Nur: Er nahm ihn nicht an. Eldagsen hatte sich Ende 2022 um den Preis beworben, weil er herausfinden wollte, ob die Ausrichter von Fotowettbewerben auf den Einzug von KI-Bildgeneratoren vorbereitet sein würden. Im Fall des Sony Awards stellte sich heraus: Der Organisator Creo und seine Jury waren es nicht. Sie wollten ein Foto zum Preisträger küren, das in Wirklichkeit keines ist. Und als der Künstler sie auf ihren Irrtum aufmerksam machte, hätten sie den Fehler am liebsten vertuscht.

Das von Eldagsen eingereichte Bild sieht aus, als wäre es in der ersten Hälfte des 20. Jahrhunderts entstanden. Das Bild zeigt zwei hintereinanderstehende Frauen. Die vordere ist jünger, schaut in die Ferne, die linke Hand liegt auf ihrer Brust. Die ältere Frau hinter ihr könnte vom Alter her ihre Mutter sein. Sie berührt mit dem Mund den Nacken der jüngeren Frau, ihr Blick scheint nachdenklich und in sich gekehrt. Ihre Hände ruhen auf den Schultern der Jüngeren.

Schon bei genauerem Betrachten dieser Hände hätten der Jury Zweifel kommen können, ob es sich hier um ein Foto handelt. Mehrere Fingernägel sind unförmig, auch die Position der Arme sieht merkwürdig aus. Es sind Unstimmigkeiten, die für KI-generierte Bilder Anfang des Jahres 2023 typisch waren. Eldagsen scherzt knapp ein Jahr später, sein Bild komme aus dem KI-Mittelalter. Im Titel des Bildes hatte der Künstler zusätzlich einen Hinweis an die Veranstalter versteckt und es *Pseudomnesia: Die Elektrikerin* genannt. Das lateinische Wort bedeutet Erinnerungstäuschung. Tatsächlich ist alles an dem Bild eine Täuschung: Weder die Frauen noch die Szene hat es je gegeben.

Was Boris Eldagsen allerdings noch mehr überraschte, war der Umgang von Creo mit dieser Wahrheit. Denn der Ursprung des Bildes schien die Veranstalter nicht zu interessieren. Nach seiner Nominierung für die enge Auswahl der Preisträger wies Eldagsen erneut darauf hin, wie das Bild entstanden war. Das lässt sich anhand des Nachrichtenwechsels nachvollziehen, den Eldagsen auf seinem Blog in großen Teilen öffentlich gemacht hat. Als er trotz alledem zum Preisträger gekürt wurde, schlug er anlässlich der Prämierung eine öffentliche Diskussion über KI in der Fotografie vor. Er wollte eine Debatte darüber anstoßen, wie mit Bildern umzugehen ist, die eine Pseudorealität abbilden.

Wer sich den Kommunikationsverlauf zwischen Veranstalter und Künstler ansieht, gewinnt den Eindruck, dass die Wettbewerbsausrichter um ihren Fehler einfach kein Aufheben machen wollten. Dass hinter dem Wettbewerb der Elektronikhersteller Sony steht, dessen Kameras für die Erzeugung des Bildes also gar nicht nötig waren, könnte dabei eine Rolle gespielt haben. Auf Eldagsens Vorschlag für eine Podiumsdiskussion ging jedenfalls niemand ein. Und als er im geliehenen Smoking bei der Preisverleihung im Londoner Hilton-Hotel saß, wurde ihm klar, dass für ihn – wie für manche andere Künstler – überhaupt kein Platz im Bühnenprogramm vorgesehen war. Doch Eldagsen wollte nicht einfach so zusehen, wie sein KI-generiertes Bild zum preisgekrönten Foto erklärt wurde. Er hatte für diesen Moment extra eine kurze Rede auswendig gelernt.

In der Pause habe er sich umgeschaut, wie viel Sicherheitspersonal im Raum war – und wie viel Zeit ihm wohl bleiben würde, bis man ihn von der Bühne holen würde, erzählt er mir in unserem Videogespräch. Nach der Pause betrat er zeitgleich mit der vom Fernsehnetzwerk BBC engagierten Moderatorin die Bühne. Diese sei sich nicht sicher gewesen, wie sie mit der Situation umgehen sollte, und habe ihm das Mikro überlassen. »Vielen Dank, dass Sie mein Bild ausgewählt und dies zu einem historischen Moment gemacht haben«, sagte Eldagsen. Sein Bild sei damit das erste KI-generierte Bild, das in einem renommierten internationalen Fotografiewettbewerb gewonnen habe. Aber: »KI-Bilder und Fotografie sollten bei einem Preis wie diesem nicht miteinander konkurrieren. Es handelt sich um unterschiedliche Dinge. KI ist keine Fotografie. Deshalb werde ich den Preis nicht annehmen.«

Boris Eldagsen wollte mit seiner Teilnahme an der Preisverleihung eine Diskussion anstoßen, was als Fotografie angesehen werden solle und was nicht. An diesem Abend in London funktionierte dies nicht. Aber nachdem er seine kurze Rede auf Facebook und Instagram gepostet hatte, verbreitete sich sein Weckruf an die Fotobranche über Nacht in den sozialen Netzwerken. Und das setzte sich in den folgenden Wochen in Fachmedien und bei großen Medienhäusern fort.

Eldagsen ist nicht gegen KI in der Bilderstellung. Aber er tritt dafür ein, dass nur solche Bilder als Fotos bezeichnet werden, die durch die Abbildung von Licht in einer Kamera entstehen. Für maschinenerzeugte Bilder, die mit Befehlen entstehen, schlägt er einen neuen Begriff vor, der das Potenzial hat, zu einer neuen Kunstrichtung zu werden: »Promptografie«.

Auf einen Blick

Hauptthema: Künstliche Intelligenz verändert Kunst und Kino. Mit großen KI-Modellen lassen sich fotorealistische Bilder und Videos generieren. Bald könnten Werbespots und vielleicht sogar ganze Blockbuster mit Künstlicher Intelligenz erstellt werden.

Warum das wichtig ist: Drehbuchautoren und Schauspielerinnen fürchten bereits um ihre Jobs. Monatelang haben sie 2023 gestreikt und mit ihrem Arbeitskampf Hollywood lahmgelegt. Derweil spaltet sich die Kunstszene in zwei Lager: Die einen sagen, Künstliche Intelligenz zerstöre echte Kreativität. Die anderen sehen völlig neue kreative Ausdrucksformen entstehen.

Hintergrund: Noch lassen sich mit KI-basierten Videogeneratoren nur kurze Filmsequenzen generieren. Wann längere Filme erstellt werden können, scheint aber vor allem eine Frage der Rechenleistung zu sein. Noch interessanter sind für Filmstudios zunächst aber wohl die zahlreichen Möglichkeiten, mithilfe von KI Filmmaterial zu bearbeiten oder zu ergänzen. So gibt es erste Datenbanken, in denen sich Produzenten Avatare echter Schauspieler herunterladen können, statt sie selbst als Statisten zu buchen.

Ausblick: Mit neuen Animationstechnologien könnten Filmproduzenten in Zukunft sogar schon aus Fotos Statistinnen und Stuntmen generieren. Dazu brauchen sie nur noch Aufnahmen von Personen, deren Bewegungen sie kopieren können. Dass bei der KI-Revolution in Kunst und Kino nicht nur Jobs gefährdet sind, sondern auch entstehen können, zeigt Boris Eldagsen, der vom Fotografen zum Promptografen geworden ist.

Mobilität: Robotaxis werden Realität

Der weiße Jaguar fährt mit Elektroantrieb und lenkt surrend in die Parkbucht in San Francisco. Die Beifahrertür wird entriegelt. Ich öffne und nehme Platz. Der Fahrersitz ist leer. Auf dem Display in der Mitte des Armaturenbretts begrüßt mich der Schriftzug: »Hallo Stephan.« Sonst bin ich allein im Auto – zumindest ohne menschlichen Fahrer.

Denn Künstliche Intelligenz steuert das Auto. Der Jaguar gehört zu einer Flotte von Robotaxis der Google-Tochtergesellschaft Waymo. Die Firma gilt als einer der führenden Anbieter für autonomes Fahren. Aber als ich mich in das Auto setze, habe ich ein etwas mulmiges Gefühl.

Seit mehreren Jahren fahren Robotaxis bereits durch San Francisco. Zunächst allerdings vor allem mit einem Sicherheitsfahrer, der am Steuer saß und notfalls eingreifen konnte. Erst seit August 2023 sind die Autos täglich im Einsatz und lassen sich per App auf dem Smartphone rufen. Die zuständige Regulierungsbehörde in Kalifornien, CPUC, hat nach jahrelangen Verhandlungen die nötigen Genehmigungen ausgestellt. In San Francisco dürfen daher seitdem Fahrten rund um die Uhr angeboten werden. Die ersten Testfahrten waren zunächst nur nachts möglich, da es dann weniger Verkehr gibt und weniger Passanten unterwegs sind. Heute sind die Robotaxis normaler Teil des Straßenverkehrs – zu jeder Tageszeit.

Ich drücke den Startknopf auf dem Display, und der Wagen fährt los. An der ersten Kreuzung will eine Frau über die Straße gehen. Sie sieht das Robotaxi kommen und signalisiert dem Auto, es solle ruhig durchfahren, bevor sie über die Straße geht. Aber das Waymo-Robotaxi bleibt stehen. Die Frau schaut zunächst verdutzt. Dann erkennt sie, dass niemand am Steuer sitzt. Ein Robotaxi. Alltag in San Francisco. Sie grinst und geht über die Straße.

Am nächsten Straßenblock bietet sich eine heikle Situation. Die Querstraße mündet in den viel befahrenen Lincoln Way am Golden Gate Park. Autos dürfen hier mit bis zu 30 Meilen, also 50 Kilometern, pro Stunde fahren. Die meisten Fahrzeuge sind aber deutlich schneller unterwegs. Ich bin diese Strecke schon sehr oft gefahren. Und ich weiß, wie gefährlich sie sein kann. Die Straße ist schlecht einsehbar. Man muss sich vorsichtig vortasten. Der Waymo-Wagen fährt rasch auf die Straße zu und bremst dann komplett ab. Ich schaue mich nervös um und frage mich schon, ob ich naiv war, mich in das Robotaxi zu setzen. Dann fährt der Waymo-Wagen an. Von diesem Punkt aus lassen sich die ankommenden Autos nur im letzten Moment erkennen. Das Auto fährt Stück für Stück vor und wartet, bis sich eine Lücke bietet. Dann biegt es in den Lincoln Way ein. Geschafft. Die erste Hürde ist genommen.

Bevor Waymo nach jahrelangen Verhandlungen die Freigabe für sein System in San Francisco bekam, erhielt ich zwei Wochen lang Zugang, das System ausgiebig zu testen. In dieser Zeit legte ich 83 Kilometer zurück und verbrachte 258 Minuten in den Robotaxis – genug Zeit, mir einen Eindruck von dem System zu verschaffen. Waymo nutzt für seine Flotte eine modifizierte Variante des Elektro-SUV I-PACE von Jaguar. Das Auto hat einen 400 PS starken Motor, der theoretisch in 4,8 Sekunden von null auf hundert beschleunigen kann. Die 90-kWh-Batterie hat eine Reichweite von rund 365 Kilometern. Die Waymo-Jaguare sind aber um zahlreiche Zusatzelemente erweitert worden. Waymo hat vor allem etliche Sensoren nachgerüstet. Der markanteste ist ein sich ständig drehender Lidarsensor auf dem Dach des Autos. Zudem gibt es an den Seiten des Autos weitere Lidarsensoren sowie Radargeräte und klassische Kameras.

Die Lidarsensoren sind besonders wichtig und besonders teuer. Lidar steht für »Light Detection and Ranging«. Mithilfe von Laserlicht kann der Sensor Entfernungen zu einem Objekt messen. Der Sensor schickt kurze Impulse, Objekte wie andere Fahrzeuge, Gebäude oder Menschen reflektieren die Strahlen. So entsteht ein dreidimensionales Bild der Umgebung. Der rotierende Sensor auf dem Dach des Fahrzeuges generiert entsprechend eine 360-Grad-Sicht rund um das Auto. Aber Lidarsensoren helfen dem Robotaxi nicht nur, Entfernungen genau einzuschätzen. Sie liefern auch in Dunkelheit ein klares Bild. In einem Radius von bis zu 300 Metern kann das Waymo-Fahrzeug mit dem Lidargerät die Umgebung erfassen.

Seit mehr als einer Dekade gehört autonomes Fahren zu den wichtigsten Versprechen des Silicon Valley. Aber bislang lagen alle optimistischen Prognosen falsch. Hätten sich etwa die Ankündigungen von Tesla-Chef Elon Musk erfüllt, würden schon seit mehr als einer Dekade Robotaxis auf den Straßen unterwegs sein. Jahr für Jahr hat er seitdem neue Prognosen ausgegeben, und Jahr für Jahr lag er damit daneben. Bis heute laufen mehrere Ermittlungen gegen Tesla, weil das Unternehmen sein Fahrassistenzsystem unter dem Namen Autopilot verkauft hat. Etliche Behörden in Amerika und Europa halten das für irreführend und teilweise sogar gefährlich. In Tests scheiterten angeblich »autonome« Fahrsysteme oft schon an einfachen Hürden. Ein Team von der University of Michigan konnte in einer Studie nachweisen, dass schon wenige Aufkleber auf einem Stoppschild dazu führen konnten, dass ein Fahrsystem darin kein Stoppschild, sondern eine Geschwindigkeitsbegrenzung erkannte.

Dennoch haben die Systeme bis heute gewaltige Fortschritte gemacht. Unternehmen wie Nvidia oder Qualcomm stellen deutlich leistungsfähigere Chips bereit, um autonomes Fahren zu ermöglichen. Fahrzeuge werden wirklich zu Computern auf Rädern. Sensordaten von Kameras, Lidar oder Radar lassen sich schneller analysieren. Zudem helfen verbesserte Algorithmen und die Millionen Kilometer Fahrdaten dabei, die Systeme immer besser zu machen. Robotaxis scheinen keine ferne Zukunftsvision mehr zu sein, sondern kurz vor dem Durchbruch zu stehen – dank Künstlicher Intelligenz.

Ein entscheidender technologischer Durchbruch kommt von der gleichen Technologie, die auch hinter Textrobotern wie ChatGPT steht. Über Jahre brachten Firmen wie Waymo oder Tesla ihren Fahrsystemen Regel für Regel bei, wie sie sich im Verkehr verhalten sollen. Nun experimentieren die Firmen immer stärker mit dem Einsatz neuronaler Netze. Im Kern überlassen sie es Computersystemen, von riesigen Mengen an Fahrdaten zu lernen. Im August 2023 teilte Elon Musk ein Livevideo, auf dem zu sehen ist, wie er eines der neuen Systeme auf Basis neuronaler Netze in einem Tesla-Auto bei einer Probefahrt rund um das Tesla-Büro in Palo Alto einsetzt. »Wir haben hier keine Regel mehr, die sagt: Mache Platz für Radfahrer. Das System hat ausschließlich von menschlichen Fahrern gelernt«, kommentiert Musk die Fahrt, als der Wagen leicht abbremst, um an einem Radfahrer vorbeizufahren. »Wir haben das System mit großen Mengen an Videodaten gefüttert, und es hat selbst die Schlüsse daraus gezogen«, schwärmt Musk. Die reine KI-Version sei der regelbasierten Version deutlich überlegen. Dennoch ist das System nicht fehlerfrei. Als der Wagen an einer Kreuzung eine Ampel falsch deutet, greift Musk ein. Das System sei zwar gut, aber noch im Testbetrieb. Bevor es für alle Kunden ausgerollt werde, müssten noch ein paar Fehler behoben werden, kommentiert er.

Mein Waymo-Auto bahnt sich weiter seinen Weg durch den Straßenverkehr von San Francisco. Das Fahrzeug ist mittlerweile auf die vierspurige Divisadero Street eingebogen. Es ist eine der wichtigsten Nord-Süd-Achsen der Stadt. Etliche Autos überschreiten das Geschwindigkeitslimit von 25 Meilen pro Stunde deutlich. Wir fahren auf der linken Spur. Links ist ein Grünstreifen, der uns von den Gegenfahrbahnen trennt. Plötzlich schert der Waymo-Wagen leicht nach rechts aus. Ein Auto auf der Spur rechts neben uns hupt. Ich drehe mich um. Ein weißer Tesla fährt neben uns. Dessen Fahrer gestikuliert wütend in meine Richtung. Der Mann am Steuer schreit. Ich kann nicht verstehen, was er sagt. Ganz offensichtlich hatte er Angst, vom Robotaxi gerammt zu werden. Ich schaue mich um. Warum ist das Waymo-Auto überhaupt ausgeschert? Die Pflanzen auf dem Grünstreifen ragen teilweise etwas auf die Fahrbahn. Hat das Waymo-Auto womöglich darauf reagiert? Ich kann es nicht sagen. Aber ich kann den Tesla-Fahrer verstehen.

Der Rest der Fahrt verläuft unspektakulär. Wir bahnen uns den Weg durch den dichten Verkehr und dann weiter durch den Presidio Park. Ich steige am Strand bei Crissy Field aus. Für mich ist das einer der schönsten Orte der Stadt, mit einem wunderbaren Blick über die Bucht von San Francisco und auf die berühmte Golden-Gate-Brücke. Nach einem kurzen Aufenthalt bestelle ich mir per App auf meinem Smartphone das nächste Waymo. Dieses Mal dauert es lange, bis das Auto meinen Standort erreicht – fast 20 Minuten.

Wenn Robotaxis überfordert sind

Als das Auto vor mir hält, ist vieles Routine. Ich entsperre das Auto mithilfe der App und starte das Auto. Das Robotaxi fährt los. Schon nach wenigen Minuten erlebe ich wieder eine heikle Situation. Das Waymo-Auto kommt von einer Seitenstraße auf eine vierspurige Straße im Presidio Park. Die Autos auf der Hauptstraße haben Vorfahrt. Die große Straße ist nicht gut einsehbar. Das Waymo-Auto hält zwar zunächst an, fährt dann aber los. Von dieser Stelle aus ist die Hauptstraße kaum einsehbar. Als das Robotaxi weiter vorfährt, wird ein ankommendes Auto auf der Vorfahrtsstraße sichtbar. Der Waymo-Wagen fährt aber zunächst weiter. Dann bremst er stark ab. Auch das andere Auto bremst ab. Dann beschleunigt der Waymo-Wagen wieder und biegt ab.

Puh, denke ich. Das hätte böse ausgehen können. Der Waymo-Wagen hat klar dem anderen Wagen die Vorfahrt genommen. Er hätte warten müssen. Klar, so was kann auch menschlichen Fahrern passieren. Aber hier sitzt ja gerade kein Mensch am Steuer, sondern ein Roboter. Und der ist auf optimales Fahren ausgelegt. Wieso kommt es also zu solchen Situationen?

Ein Jahr zuvor hatte ich bereits eine Testfahrt mit Waymo gemacht. Damals saß noch ein Sicherheitsfahrer am Steuer. Der Eindruck war völlig anders. Das Waymo-Auto verhielt sich sehr zurückhaltend. Schon als jemand zu einem parkenden Auto am Seitenstreifen lief, blieb das Waymo länger stehen und wartete ab. Heute wirken die Robotaxis von Waymo ganz anders. Sie wirken selbstsicherer – teilweise zu selbstsicher.

Ich frage bei Waymo nach. »Unsere Autos sind so programmiert, dass sie sich immer an alle Verkehrsregeln halten«, sagt mir Chris Ludwick im Gespräch. Er ist Produktchef bei Waymo und hat die Firma seit ihren Anfängen als Google-Projekt 2013 begleitet. »In manchen Verkehrssituationen muss das System Entscheidungen treffen, genau wie ein menschlicher Fahrer.« Und er bestätigt meinen Eindruck vom anderen Fahrverhalten im Vergleich zum Test ein Jahr zuvor. »Wir haben den Fahrstil geändert«, sagt Ludwick. »Wenn die Fahrzeuge nicht selbstsicher unterwegs sind, kommst du nicht voran. Niemand gewährt gerne Vorfahrt«, erklärt Ludwick. Dazu muss man wissen, dass auch die meisten Amerikaner einen offensiven Fahrstil pflegen und Verkehrsregeln eher großzügig auslegen. Es sei daher nötig, dass die Robotaxis nicht zu defensiv unterwegs seien, meint Ludwick. Er betont aber: »Trotz dieser Änderungen haben wir weiter eine sehr gute Sicherheitsbilanz.«

Ich frage konkret nach dem Erlebnis an der Kreuzung. »Ich vermute, das hatte etwas damit zu tun, wie die Kreuzung aufgebaut war. Vielleicht war die Sicht eingeschränkt«, sagt der Waymo-Manager. San Francisco sei eine anspruchsvolle Stadt mit engen Straßen und komplizierten Verkehrssituationen. Waymo wolle so einen schwierigen Ort meistern, um dann gut in andere Städte expandieren zu können. Zurzeit ist die Firma nur in den USA unterwegs. Künftig sollen die Robotaxis aber überall auf der Welt fahren – auch in Deutschland.

Meine weiteren Fahrten mit Waymo laufen unspektakulär ab. Einmal wird es spannend, als sich ein Feuerwehrauto dem fahrenden Waymo-Wagen von hinten nähert. Das Display zeigt an, dass ein Einsatzfahrzeug erkannt wurde. Das Waymo sucht die nächste Parklücke, um rechts an den Straßenrand zu fahren. Das Feuerwehrauto kann passieren. Das läuft nicht immer so reibungslos. Die Chefin der Feuerwehr von San Francisco, Jeanine Nicholson, ist eine ausgesprochene Gegnerin der Robotaxis. Immer wieder würden ihre Einsatzfahrzeuge von Robotaxis blockiert. »Jede Sekunde kann über Leben und Tod entscheiden; ein Feuer kann sich in einer Minute verdoppeln«, warnt Nicholson bei einer Anhörung in San Francisco. »Es ist nicht unsere Aufgabe, für diese Fahrzeuge Babysitter zu spielen«, klagt Nicholson, noch wenige Tage bevor die Robotaxis in San Francisco die Erlaubnis für Fahrten rund um die Uhr bekommen.

Kurz darauf kam es zum ersten Unfall mit einem Feuerwehrauto. Ein Robotaxi des Waymo-Rivalen Cruise fuhr mitten in der Innenstadt in ein Feuerwehrfahrzeug, das sich mit Blaulicht und Sirene im Einsatz befand. Cruise-Manager Greg Dieterich schrieb, das Cruise-Robotaxi habe den Einsatzwagen »fast sofort« erkannt. An der Kreuzung seien herannahende Fahrzeuge wegen einer Kurve aber erst sehr spät zu erkennen gewesen. Die Software des Cruise-Autos habe zudem Probleme gehabt, den Weg des Einsatzfahrzeugs vorherzusagen, da er im Gegenverkehr gefahren sei.

Mir selbst passiert wenige Tage später eine ähnlich brenzlige Situation. Ich bin vom Joggen im Golden-Gate-Park auf dem Rückweg. An einem Zebrastreifen will ich die Straße überqueren.

Ich sehe, dass ein Cruise-Robotaxi angefahren kommt. Aber ich gehe davon aus, dass es anhalten wird. Schließlich laufe ich gut sichtbar über einen Zebrastreifen. Aus dem Augenwinkel sehe ich jedoch, dass das Cruise-Auto in vollem Tempo weiterfährt. Im letzten Moment bleibe ich stehen. Der Cruise-Wagen fährt knapp vor mir über den Zebrastreifen.

Auffallend ist, dass bei besonders vielen Zwischenfällen in San Francisco nicht die Fahrzeuge der Google-Tochterfirma Waymo, sondern die von Cruise involviert sind, einem Unternehmen, das zum US-Autobauer General Motors gehört. Cruise soll bereits 2025 eine Milliarde Dollar und 2030 ganze 50 Milliarden Dollar umsetzen. Bislang schreibt das Unternehmen jedoch große Verluste. Allein im ersten Halbjahr 2023 beliefen sich diese auf rund 1,2 Milliarden Dollar. Als ich Cruise-Chef Kyle Vogt auf einer Technologiekonferenz in San Francisco treffe, spricht er davon, die kritischen Berichte über Probleme mit seinen Robotaxis seien übertrieben. Die Technik sei schon heute gut und werde immer besser. »Unsere Robotaxis legen so viele Meilen auf den Straßen zurück, dass es zu diesen seltenen Ereignissen kommen wird«, sagt Vogt.

Robotaxis seien menschlichen Fahrern überlegen. »Vor wenigen Wochen hat ein Autofahrer hier im Zentrum von San Francisco einen Vierjährigen totgefahren«, klagt Vogt. Jeden Tag gebe es mehr als 700 Verkehrstote in den USA. »Robotaxis sind sicherer als menschliche Fahrer«, betont er. Es führe daher kein Weg an Robotaxis vorbei. »Aber wir können keine Perfektion erwarten. Es wird Zusammenstöße geben. Aber sie werden weniger und weniger werden«, räumt er ein.

Ich befrage Cruise auch zu meinem persönlichen Beinahezusammenstoß am Zebrastreifen. Das Unternehmen sichert zu, sich den Fall näher anzuschauen. Trotz mehrmaliger Nachfragen höre ich am Ende jedoch nichts. Wenig später entscheidet die Verkehrsbehörde von Kalifornien, Cruise vorläufig die Lizenz für den Robotaxidienst in San Francisco zu entziehen. »Aufgrund der Leistung der Fahrzeuge stellt das Ministerium fest, dass die Fahrzeuge des Herstellers nicht sicher für den öffentlichen Betrieb sind«, teilte die Behörde Ende Oktober 2023 mit. Cruise muss nachbessern, damit die Robotaxis wieder Passagiere befördern dürfen. Wenige Tage später gibt Vogt seinen Rücktritt als Cruise-Chef bekannt.

Waymo darf hingegen weiter fahren. Meine persönliche Erfahrung mit Waymo ist auch viel besser als die mit Cruise. Nach wenigen Tagen habe ich mich so an die Robotaxis gewöhnt, dass ich im Auto meinen Laptop ausklappe und Arbeit erledige. Meinen dreijährigen Sohn nehme ich auch auf Fahrten mit. Er ist schwer beeindruckt. Er baut immer wieder mit Lego Autos nach. Seit den Fahrten mit Waymo haben sie nun oft keinen Fahrer mehr. »Robotaxis«, erklärt er nur knapp. Ich frage mich schon, ob er später überhaupt noch einen Führerschein brauchen wird.

Um zu verstehen, warum die Robotaxis gerade jetzt so viel besser werden, fahre ich ganz in den Süden von Kalifornien. In der Stadt San Diego, direkt an der Grenze zu Mexiko, hat der Chipkonzern Qualcomm seinen Hauptsitz. Die Firma ist enger Partner der Autobauer und nimmt eine Schlüsselrolle in der Entwicklung des autonomen Fahrens ein.

Zu Besuch bei Qualcomm in San Diego

Die Firmenzentrale des Chipkonzerns Qualcomm ganz im Norden von San Diego ist schon von der Autobahn 805 aus erkennbar. Der Campus erstreckt sich über Dutzende Bürogebäude. Im Haupthaus ist ein ganzes Museum den Anfängen des Unternehmens und vor allem dem Gründer Irwin Jacobs gewidmet.

Jacobs baute als Professor die Fakultät für Elektroingenieurwesen an der University of California San Diego auf. Sein Fokus waren digitale Kommunikationstechniken. Einer seiner Universitätskollegen, Andrew Viterbi, hatte im Jahr 1967 einen Algorithmus entwickelt, der in der Lage war, digitale Daten über einen verrauschten Kanal sicher zu übertragen. Das Verfahren lässt sich damit vergleichen, wie man einen Radiokanal richtig einstellt. Anstatt nur Rauschen zu hören, liefert das FM-Radio dann klare Musik. Ähnlich funktionierte auch der Algorithmus von Viterbi. Sein Ansatz hatte jedoch ein Problem: Die Berechnungen waren äußerst kompliziert. Die damalige Kommunikationsbranche hielt sein Modell für nicht praktikabel. Jacobs erkannte jedoch die Chance, das Konzept seines Kollegen Viterbis dank der in den 1980er Jahren immer stärker werdenden Mikrochips in ein praktisches Produkt umzusetzen. Gemeinsam mit Viterbis und fünf weiteren Partnern gründete Jacobs 1985 Qualcomm.

Die Firma wurde wegweisend für den Aufbau neuer Technologien für die Mobilfunkkommunikation. Bis heute stecken Technologien und Chips von Qualcomm in fast jedem Smartphone. Der Apple-Konzern versucht sich seit vielen Jahren von Qualcomm loszusagen, ist aber selbst in der im Herbst 2023 vorgestellten iPhone-Reihe 15 weiter auf Qualcomm angewiesen.

Die von Jacobs gegründete Firma hat sich jedoch inzwischen auf viele weitere Bereiche ausgedehnt. Autonomes Fahren ist für das Unternehmen einer der vielversprechendsten Zukunftsmärkte. Ein großer Teil des Museums in der Firmenzentrale ist daher der Automobiltechnik gewidmet. »Das hier ist die Zukunft«, sagt Nilesh Parekh. Er ist seit zwei Jahrzehnten bei Qualcomm und als Senior Director of Product Management einer der wichtigsten Entscheider für die Autosparte. »Diesen Vorzeigewagen haben wir uns in Deutschland als Spezialanfertigung bauen lassen«, sagt Parekh. Die Motorhaube ist transparent. Darunter werden zwei zentrale Kontrolleinheiten für Computerchips mit blauem Neonlicht angestrahlt. Einer der beiden blau angestrahlten Kästen steuert das Innenleben des Fahrzeugs, also etwa Musik- oder Klimaanlage. Der andere Kasten liefert die Rechenleistung, mit der die Daten der Bewegungssensoren ausgewertet werden. Das hilft dabei, dass Autos künftig selbstständig fahren können, wie heute schon Waymo-Autos. Die Technik soll so leistungsfähig und günstig werden, dass sie in jedes Auto integriert werden kann. »Es wird eine Revolution im Automobilbereich geben. Und wir liefern die nötigen Chips dafür«, zeigt sich Parekh überzeugt.

Dazu pflegt das Unternehmen eine enge Partnerschaft mit Autobauern in Deutschland. Volkswagen und BMW setzen auf Qualcomm. BMW hat sich besonders eng an Qualcomm gebunden. Die beiden Konzerne entwickeln gemeinsam einen Softwarebaukasten für automatisiertes Fahren. Das Besondere an der Übereinkunft: Die Technologie wird nicht nur der Münchener Autohersteller in seinen Modellen nutzen. Der amerikanische Chipanbieter soll das Know-how auch anderen Marken und Autozulieferern weltweit verkaufen.

Autobauer setzen seit vielen Jahren Mikrochips in ihren Fahrzeugen ein, wobei Halbleiter den wichtigsten Teil ausmachen. Diese kommen traditionell von Firmen wie Infineon aus Deutschland, NXP aus den Niederlanden, STMicroelectronics aus der Schweiz oder Renesas aus Japan. Diese liefern unter anderem die überall im Auto verteilten Steuergeräte, die sogenannten Microcontroller. Qualcomm geht deutlich weiter. Die Hochleistungschips sollen der Schlüssel sein, um traditionelle Autos zu autonomen Fahrzeugen zu machen. Qualcomm hat bereits leistungsstarke Chips entwickelt, die ein Smartphone zu einem Supercomputer machen. Diese Fähigkeit will die Firma auch in Autos bringen. Die Wettbewerber sind nicht länger Halbleiterfirmen wie Infineon, sondern vor allem Nvidia, der Chipkonzern. Qualcomm sieht jedoch einen besonderen Vorteil auf seiner Seite. »Wir bauen Chips für Smartphones. Dadurch sind wir Experten darin, besonders viel Leistung zu bieten und dabei wenig Strom zu verbrauchen. Genau das ist bei Autos wichtig«, sagt Parekh.

Qualcomm wolle Autos zudem zu einem Bindeglied in einem Kommunikationsnetz machen. Selbstfahrende Autos brauchen leistungsstarke Chips, die nicht nur Daten von Kameras, Radar und Lidar auswerten, sondern auch schnell kommunizieren können. Parekh zeigt sich überzeugt: Jede neue Generation bringe leistungsfähigere Chips heraus. Deren Fähigkeiten würden besser und besser. Es sei nur noch eine Frage der Zeit, bis sie alle Daten der Umgebung verarbeiten könnten – besser, als es ein Mensch jemals könnte. Stimmt die Prognose, braucht in absehbarer Zeit vielleicht niemand mehr einen Führerschein.

Auf einen Blick

Hauptthema: Seit Jahrzehnten wird an selbstfahrenden Autos gearbeitet. Heute könnte ein Durchbruch der Technik kurz bevorstehen. San Francisco ist dafür ein Experimentierfeld. Hier sind die Robotaxis der Google-Tochterfirma Waymo bereits im Einsatz.

Warum das wichtig ist: Autonomes Fahren kann den Straßenverkehr und die gesamte Mobilität grundlegend verändern. Die Technik geht weit über Robotaxis hinaus. Auch Lastwagen könnten autonom Güter transportieren oder Busse zu jeder Tages- und Nachtzeit unterwegs sein, ohne dass ein Fahrer am Steuer sitzen muss. Jeder Mensch könnte künftig immer das passende Auto zu sich bestellen und der private Autobesitz überflüssig werden.

Hintergrund: Etliche Firmen treiben die Technik voran. Als führende Robotaxifirmen gelten die Google-Tochter Waymo und Cruise, ein Start-up, das zum US-Autobauer General Motors gehört. Gleichzeitig arbeiten etablierte deutsche Autohersteller wie BMW mit Chipunternehmen wie Qualcomm zusammen, um Fähigkeiten für autonomes Fahren auch in Serienfahrzeuge zu bringen.

Ausblick: Autonomes Fahren könnte an der Schwelle zur Massenmarkttauglichkeit stehen. Die Erfahrungen aus den Tests von Robotaxis in San Francisco lassen sich auf andere Städte übertragen. Die Unfälle und Probleme in San Francisco zeigen allerdings auch, wo die Technik heute noch ungenügend ist.

Bildung: Ein Tutor für das ganze Leben

Der virtuelle Mann trägt einen schwarzen Anzug mit grauem Einstecktuch, streckt die Brust heraus und tut so, als würde er einen imaginären Bogen spannen. Er sieht genauso aus wie David Matusiewicz. Der Professor für Medizinmanagement kann die lustige Animation per WhatsApp verschicken. Er nimmt sein digitales Ebenbild aber auch zu vielen Vorträgen mit. Dort stellt sich der Avatar dann zum Beispiel so vor: »Mein Name ist Dx2, und ich bin der digitale Zwilling des Menschen David Matusiewicz.« Bisher treten Matusiewicz und Dx2 nur zusammen auf. Aber künftig könnte der Avatar sein menschliches Vorbild auch vertreten. Denn Matusiewicz arbeitet daran, aus Dx2 eine Art digitalen Professor zu entwickeln. Oder wie er es nennt: einen »Professor für die Hosentasche«. Künstliche Intelligenz macht das möglich – und hat das Potenzial, das Lehren und Lernen grundlegend zu verändern. In manchen deutschen Hochschulen und Schulen stehen KI-Tutoren kurz vor dem Einsatz.

Die schnelle Verbreitung von ChatGPT war zunächst ein Schock für viele Schulen und Hochschulen. Plötzlich hatten Millionen von Schülern und Studierenden Zugriff auf Maschinen, die binnen Sekunden Hausaufgaben erledigen und Seminararbeiten schreiben können. Schon im Frühjahr 2023 häuften sich die Meldungen, dass ChatGPT Aufnahmeprüfungen und Examina besteht. Während der Chatbot mit der dritten Version des Sprachmodells von OpenAI oft noch scheiterte, entwickelte er sich mit GPT-4 zum Musterschüler: Laut Medienberichten hat er etwa das bayerische Abitur bestanden und schnitt in der medizinischen Zulassungsprüfung an der renommierten Stanford School of Medicine besser ab als die Studierenden im ersten und zweiten Studienjahr. Seit Nutzer bei ChatGPT Bilder hochladen können, kann der Chatbot auch Geometrieaufgaben korrekt interpretieren und einfache Übungen etwa zum Bruchrechnen lösen.

Schulen weltweit waren mit dieser Entwicklung zunächst überfordert. In einer recht verzweifelt wirkenden Reaktion sperrte der größte Schulbezirk in den USA in New York den Zugang zu ChatGPT. Aus den Netzen und von den Geräten unter Kontrolle der New Yorker Schulen war der Chatbot anschließend nicht mehr zu erreichen. Das zugrunde liegende Problem löste die Maßnahme aber natürlich nicht.

Inzwischen ist der Schock an vielen Schulen in Deutschland der Erkenntnis gewichen: KI-Werkzeuge sind aus dem Alltag schon jetzt nicht mehr wegzudenken – und aus den Schulranzen auch nicht. »Die Schule, die wir kennen, wird es in fünf Jahren nicht mehr geben«, sagt der Schulleiter der weiterführenden Don-Bosco-Schule in Rostock. Prüfungsformate müssten sich ebenso ändern wie Hausarbeiten, Hausaufgaben und Leistungskontrollen. Aber auch für den Schulalltag gilt es viele Fragen zu beantworten. Wie können Lehrende Künstliche Intelligenz am besten im Unterricht und in Lehrveranstaltungen einsetzen? Wo liegen die Chancen der Technologie? Und was müssen Bildungseinrichtungen ihren Schülern und Studierenden im Umgang damit beibringen?

Ein Lehrbuch, das mit den Studenten spricht

Für Matusiewicz liegt in seinem virtuellen Stellvertreter eine riesige Chance. Er ist Professor an der FOM Hochschule, die mit 50 000 Studierenden zu den größten Europas zählt. Vom Standort Essen aus verantwortet er als Dekan bundesweit den Hochschulbereich Gesundheit und Soziales. Zusammen mit der Bochumer Agentur 9Elements bringt Matusiewicz gerade einem Chatbot bei, was Erstsemester im ersten Modul der Betriebswirtschaftslehre lernen sollen. In Verbindung mit Dx2 könnte dann der digitale Professor entstehen, der jederzeit das komplette Grundlagenwissen der BWL abrufen und spezifische Fragen dazu beantworten kann. Um den Bot zu bauen, nutzt das Team ein großes Sprachmodell von OpenAI und trainiert es mit dem Wissen aus einem Grundlagenbuch, das Professoren speziell für den Gebrauch an der FOM geschrieben haben. Es ist ein klassisches Lehrbuch, wie es viele Studierende in der ersten Semesterwoche mit großen Vorsätzen durchblättern und dann doch erst wieder kurz vor den Klausuren aufschlagen. Auch weil der 404-Seiten-Wälzer in der gedruckten Fassung zu schwer ist, um ihn ständig in die Seminare zu schleppen. Jetzt aber wird dieses Buch Teil eines Prototyps für die Lehre, wie sie im Zeitalter generativer KI aussehen könnte.

David Matusiewicz und 9Elements-Gründer Sebastian Deutsch haben große Erwartungen an ihren Professorenbot. Auf den ersten Blick ist das, was er ausspuckt, nach vielen Monaten der Nutzung leistungsfähiger Chatbots nicht mehr groß erstaunlich. Der Prototyp ist ein schlichtes Chatfenster, das Antworten produziert, wie man sie von ChatGPT & Co inzwischen kennt. Auf die schriftliche Eingabe »Was muss ich als Betriebswirt können?« erscheint nach kurzer Rechenpause die Antwort, dass ein Betriebswirt über Kenntnisse in den Bereichen Betriebswirtschaftslehre, Management, Finanzwesen, Marketing usw. verfügen sollte. Der Bot kann sowohl auf Inhalte aus dem Lehrbuch und auf Informationen aus dem Internet zugreifen und soll außerdem sagen können, in welchen Buchkapiteln die entsprechenden Informationen zu finden sind. Aber die Fähigkeiten des Bots gehen weiter. Er erinnert an ein Lehrbuch, mit dem man reden kann. Sebastian Deutsch zeigt das am Beispiel der sogenannten SWOT-Analyse. Bei dieser Methode in der Strategieplanung werden die Stärken (Strengths) und Schwächen (Weaknesses) eines Unternehmens sowie die Chancen (Opportunities) und Risiken (Threats) betrachtet. »Spannend ist, wenn ich frage: Ich kann mir unter dieser SWOT-Analyse wenig vorstellen, kannst du mir exemplarisch Beispiele für die

Chancen nennen«, sagt Deutsch. Der Bot nennt daraufhin unter anderem technologische Innovationen.

Dabei lässt sich das Frage-Antwort-Spiel auch umdrehen. Studierende sollen den Bot in Zukunft etwa auffordern können, zehn Prüfungsfragen zur SWOT-Analyse zu stellen. Nach den Vorstellungen von David Matusiewicz sollen Bot und Studierende sogar ein ganzes Tutorium durchspielen können. »Der Bot kann den Studenten fragen: ›Was hast du gelernt?‹ – und die Antwort im Anschluss sogar validieren.« Der digitale Professor könnte dann auf Musterlösungen verweisen oder angeben, an welcher Stelle im Lehrbuch der Student noch mal nachlesen sollte.

Es ist nicht so, dass Matusiewicz keine Lust mehr auf universitäre Lehre hätte oder gar glaubt, dass sein digitaler Zwilling der bessere Professor sei. Seine Hochschule setzt weiterhin auf Präsenzlehre und digitale Livevorlesungen. Er sieht aber auch, dass es schon jetzt in manchen Fächern an Lehrkräften mangelt, zum Beispiel im Bereich von Pflegestudiengängen. »Ich vergleiche nicht die Idealwelt mit der Digitalwelt, sondern die Realwelt mit der digitalen Welt«, sagt der Hochschullehrer. Und in der realen Welt seien die Studierenden oft alleingelassen, Professoren hätten nicht genug Zeit für jeden Einzelnen. Er verweist dabei vor allem auf die großen Gruppen an Erstsemestern. Mit dem Bot für die Managementgrundlagen hat er angefangen, weil der Pilotversuch dort für alle Studierenden offensteht. Wenn das Projekt zum Erfolg wird, sollen Fächer und Kurse mit weniger Teilnehmern folgen.

KI-Software korrigiert Klassenarbeit

Vor ähnlichen, vielleicht noch größeren Herausforderungen stehen die Schulen. Auch dort wird der Fachkräftemangel in vielen Regionen immer akuter. Gert Mengel ist an der Rostocker Don-Bosco-Schule verantwortlich für 670 Schülerinnen und Schüler der Jahrgangsstufen fünf bis zwölf – und für ihre Lehrkräfte. Und für beide Seiten kann ihm der Einzug von KI in den Schulalltag kaum schnell genug gehen. Schon lange vor ChatGPT-Zeiten wurden an seiner Schule digitale Tools eingesetzt, etwa ein KI-Programm, das Schülern aufzeigt, an welcher Stelle einer Matheaufgabe sie sich verrechnet haben. Aber das ist erst der Anfang: Gert Mengel ist davon überzeugt, dass Künstliche Intelligenz helfen wird, sein Kollegium zu entlasten und Schülerinnen und Schüler besser auf die Zukunft vorzubereiten. »KI gibt eine Antwort auf die Herausforderungen der Schule«, sagt Gert Mengel. Die Lehrerinnen und Lehrer seien durch eine Vielzahl von Aufgaben belastet – dazu die Herausforderungen von Migration, sozialen Problemen, mentaler Gesundheit.

Dabei schildert er, dass auch Lehrerinnen und Lehrer an seiner Schule zunächst von den neuen KI-Tools geschockt gewesen seien. Im Rahmen einer Projektwoche organisierte Mengel einen KI-Workshop. Zwei Lehrer, die daran ebenfalls teilnahmen, hätten den Kursus sofort abbrechen wollen, berichtet Mengel: »Die hätten am liebsten den Workshop verboten, weil den Schülern dort gezeigt wurde, wie sie mit KI einen Aufsatz schreiben können.« Doch für Mengel ist klar, dass sich KI weder verbieten noch verbannen lässt. Seit einigen Monaten nutzt seine Schule die Weiterbildungsplattform Fobizz, die allen Lehrern datenschutzkonform Zugang zu KI-Assistenten ermöglicht. Seine Lehrerinnen und Lehrer gewann er mit einer Fortbildung dafür. Dort lernten sie unter anderem ein Tool kennen, das Lehrkräfte bei der Korrektur von Klassenarbeiten unterstützt.

Wie dieses KI-Programm funktioniert, zeigt Fobizz-Gründerin Diana Knodel in einer Videokonferenz. Alles sieht sehr leicht verständlich und übersichtlich aus. In einer Seitenleiste des Programms müssen Lehrkräfte zunächst die Kriterien festlegen: Sie tippen die Aufgabenstellung ein, geben einen Erwartungshorizont oder eine Musterlösung vor, legen Bewertungskriterien, die Sprache und ein Bewertungsschema fest. Im zweiten Schritt laden sie entweder den Originaltext oder Fotos der handschriftlichen Arbeiten ihrer Schüler auf die Plattform. Dabei sollen sie darauf achten, dass kein Name auf dem Bild zu sehen ist. Künstliche Intelligenz liest die Handschrift ein, verwandelt sie in computergeschriebenen Text und markiert die Fehler. »Man bekommt einen Bewertungsvorschlag«, erklärt Knodel.

Dabei zeigt das KI-Tool nicht nur die Fehler an, sondern auch den Fehlertyp, also ob es sich etwa um einen Rechtschreibfehler handelt, ob eine Aussage inhaltlich falsch oder die Gliederung zu bemängeln ist. Außerdem macht die KI Vorschläge für das Feedback: Was hat der Schüler oder die Schülerin gut gemacht? Was sollte er oder sie verbessern? Bei der Erstellung solcher Tools hat Fobizz eng mit Lehrerinnen und Lehrern zusammengearbeitet, sagt die Computerwissenschaftlerin Knodel. Deren Feedback sei, dass die Benotungsvorschläge den Bewertungen entsprächen, die sie selbst auch vergeben hätten.

Auf der Plattform von Fobizz gibt es weitere Möglichkeiten, KI einzusetzen. Mit einer ChatGPT-ähnlichen Funktion können Lehrer ihren Unterricht planen und selbst auswählen, ob im Hintergrund beispielsweise das Sprachmodell der US-Firma OpenAI oder das der Heidelberger Firma Aleph Alpha angezapft werden soll. Außerdem gibt es Bots, die historische Persönlichkeiten imitieren, sodass Schüler mit Marie Curie oder Sophie Scholl chatten können. Eine Transkriptionsfunktion ermöglicht es Lehrern, Videos hochzuladen, Text daraus zu generieren und zum Beispiel für Schüler, die noch kein Deutsch sprechen, zu übersetzen. Gert Mengel, der an der Don-Bosco-Schule selbst Sozialkunde, Geschichte und Religion unterrichtet, hat das schon für Schülerinnen und Schüler aus der Ukraine genutzt. Für sie hat er das Transkript zu einem Lückentext umgewandelt, bei dem sie die fehlenden Informationen aus dem Video entnehmen und selbst eintragen sollten.

Bei seinen Kollegen war es laut Mengel aber vor allem die Korrekturfunktion, die Interesse am Einsatz von KI geweckt habe. »Der Korrekturaufwand spielt eine große Rolle«, sagt Mengel – vor allem für Kollegen, die Deutsch und Englisch unterrichten. Dort könne KI sofort Erleichterung bei der Arbeitsbelastung verschaffen. Durch die Assistenzfunktion verändere KI zwar noch nicht die Lernwelt. Aber sie könne bewirken, dass sich Lehrerinnen und Lehrer für den Einsatz von KI öffnen und aus der eigenen Erfahrung heraus zusammen mit den Schülern KI einsetzen. Am Ende bleibt im besten Fall mehr Zeit für die Anleitung und Begleitung beim Lernen und all die pädagogischen Aufgaben, die die KI nicht übernehmen kann.

Der Chatbot wird zum Mathetrainer

Doris Weßels ist überzeugt, dass Lernbots bald zum Standard an Schulen und Hochschulen werden und Prüfbots bald darauf folgen könnten. Die Wirtschaftsinformatikerin lehrt an der Fachhochschule Kiel unter anderem mit dem Schwerpunkt Natural Language Processing, also natürliche Sprachverarbeitung. Sie ist mutmaßlich Deutschlands meistzitierte Expertin für KI im Bildungssektor.

Nicht jede Form von KI-Tutor müsse so kompliziert sein, dass man für die Entwicklung ein spezialisiertes Team brauche, sagt sie. Ein einfacher Lernbot, der ähnlich funktioniere wie ein Quiz und die Lernenden motiviere, lasse sich schnell selbst bauen. Weßels gibt ein Beispiel für eine solche Eingabe bei ChatGPT: »Du bist jetzt mein Mathetrainer, ich möchte dieses Thema mit dir trainieren, gib mir zehn Aufgaben. Wenn ich eine Aufgabe richtig beantworte, bekomme ich einen Punkt und einen Smiley, und am Ende zeigst du mir die Gesamtauswertung.« Ähnlich wie bei der Korrekturfunktion von Fobizz ließen sich auch im Hochschulbereich Texte bereits »erstaunlich gut« bewerten:

»Sie laden einen zu begutachtenden Text hoch, legen die Bewertungskriterien fest, lassen sich eine Note generieren und eine detaillierte Begründung, warum diese Note anhand der Bewertungskriterien gerechtfertigt ist«, sagt Weßels. Die Deutsche Forschungsgemeinschaft habe aber jüngst verboten, solche KI-gestützten Verfahren zur Bewertung von wissenschaftlichen Veröffentlichungen einzusetzen. »Aber machen wir uns nichts vor, dieser Versuchung wird nicht jeder widerstehen können.« Zum Einsatz von Prüfbots gibt es allerdings auch noch viele offene rechtliche Fragen. Zwar machen auch menschliche Prüfer Fehler und es kommt vor, dass sie diskriminieren. Doch beim Einsatz von KI-basierten Prüfverfahren muss zum Beispiel geklärt werden, wer dafür am Ende die Verantwortung trägt.

Arbeit bliebe Lehrenden wohl auch dann noch genug. Doris Weßels prognostiziert: »Wir werden vorrangig eine coachende Rolle einnehmen.« Diese sei geprägt durch drei Aufgabenbereiche: die Lernziele, Inhalte und Unterrichtsmaterialien auswählen, die entsprechenden KI-Werkzeuge zusammenstellen und aufeinander abstimmen und das soziale Miteinander konzipieren. Wie schnell diese Transformation in den Schulen und Hochschulen ankommt, ist jedoch ungewiss. Zur Wahrheit gehört auch: Menschen wie Doris Weßels, Gert Mengel und David Matusiewicz sind KI-Pioniere auf ihrem Gebiet. Die meisten ihrer Kolleginnen und Kollegen dürften bisher nur eine vage Vorstellung davon haben, wie KI im Bildungskontext eingesetzt werden kann, auch weil sie noch keinen Zugang zu datenschutzkonformen Programmen haben – oder unsicher sind, was überhaupt erlaubt ist. Denn es gibt auch ein Jahr nach der weiten Verbreitung von ChatGPT noch keine klaren politischen Vorgaben, und auch die Hochschulleitungen haben sich vielerorts noch nicht auf Regeln festgelegt.

Doris Weßels verweist auf eine Befragung des Lektoratsdienstes Scribbr, wonach es im Mai 2023 an 63 der 100 größten

Hochschulen in Deutschland noch keine oder nur sehr unklare Richtlinien zum Einsatz von KI-Tools gab. »Ich finde es nach wie vor sehr irritierend, dass die Auseinandersetzung mit diesem Thema so verzögert erfolgt«, sagt sie. Auch Schulleiter Gert Mengel kann sich sehr darüber erregen, dass die Regierung Schulen und Lehrer mit vielen Fragen der KI-Revolution nach wie vor allein lassen: Was dürfen Schüler mit KI? Was sollten Schulen vermitteln? Was müssen sie vielleicht sogar tun? »KI ist in China seit 2018 ein verpflichtendes Unterrichtsfach und wir streiten uns hier noch, was erlaubt ist und was ein Betrugsversuch«, moniert der Schulleiter. Deutschland habe jetzt die Möglichkeit, datenschutzkonform KI-Tools einzuführen, »die Arbeitswelt zu revolutionieren, den Menschen zu entlasten und unser Leben besser zu machen«, sagt er. Und für ihn ist auch klar: »Da hat Schule eine zentrale Vermittlungsfunktion und keine Verbietfunktion.«

Mengels Bundesland geht immerhin voran. Mecklenburg-Vorpommern hat bereits allen Schulen des Landes Zugänge zur KI-Assistenz von Fobizz bereitgestellt. Das Hamburger Unternehmen, das 2018 gegründet wurde, garantiert die Einhaltung der Datenschutzgrundverordnung. Fobizz-Mitgründerin Diana Knodel sieht auch ein Problem darin, wenn die neuen KI-Lehrer nicht allen Schülerinnen und Schülern gleichzeitig zur Verfügung gestellt werden. »Kinder mit einem Tutor, der ihnen jederzeit zur Verfügung steht, werden einen großen Vorteil haben«, sagt sie. »Wenn es solche Tools gibt und nicht jeder darauf zugreifen kann, hat das Einfluss auf die Bildungsgerechtigkeit.« Damit wiederholt sich allerdings nur ein Problem, das es beim Zugang zu bestimmten Lernmaterialien, Nachhilfe oder Unterstützung im Elternhaus schon lange gibt. Den KI-Tutor könnten sich künftig zumindest auch Familien leisten, in denen das Geld für Privatunterricht nicht reicht.

So gesehen, sind die Studierenden bei David Matusiewicz bald klar im Vorteil. Der Düsseldorfer Hochschullehrer glaubt, dass Studierende dem Bot künftig endlich die Fragen stellen werden, die sich im Audimax oder im Seminarraum keiner zu stellen traut. Besonders hilfreich für die Hochschullehrer: Sie sollen die gespeicherten Konversationen pseudonymisiert einsehen können und dabei auch sehen, bei welchen Themen Studierende Verständnisschwierigkeiten haben. Gerade am Anfang werden sie aber wohl vor allem ihren neuen digitalen Kollegen kontrollieren müssen. Denn der könnte zunächst auch in manchen Themen unsicher sein und Inhalte falsch wiedergeben. David Matusiewicz sieht das gelassen. Er habe sowieso nicht vor, seinen digitalen Zwilling sofort allein auf die Studierenden loszulassen.

Auf einen Blick

Hauptthema: Studierende sollen künftig mit ihren Lehrbüchern sprechen können und KI-Tutoren könnten beim Mathelernen an der Schule helfen. Künstliche Intelligenz hat das Potenzial, das Lehren und Lernen dramatisch zu verändern.

Warum das wichtig ist: Die Verbreitung von ChatGPT war für Schulen und Hochschulen ein Schock. Denn mit neuen KI-Tools lassen sich Hausaufgaben und Studienarbeiten praktisch auf Knopfdruck erledigen. Nun müssen Lehrende schnell eine Antwort darauf finden. Die Tools zu verbieten, wird nicht reichen.

Hintergrund: Erste Lehrer und Hochschullehrerinnen setzen KI ganz bewusst im Unterricht, in Seminaren und sogar bei Prüfungen ein. So dürfen Lehrer an der weiterführenden Don-Bosco-Schule in Rostock KI zum Korrigieren nutzen. Ein Professor in Düsseldorf arbeitet sogar an seinem virtuellen Stellvertreter.

Ausblick: Experten für Bildung und KI prognostizieren, dass Lernbots bald zum Standard in der Wissensvermittlung werden. Der nächste Schritt könnten Prüfbots sein.

Teil 3:

Die Sorgen

Rüstung: KI wird zur Waffe – und unverzichtbar für die Verteidigung

3100 Unterschriften von Google-Mitarbeitern standen bereits unter dem Brief, der im April 2018 an die Öffentlichkeit gelangte. Er war an den CEO des Unternehmens gerichtet. »Lieber Sundar«, begann der Text. »Wir glauben, dass Google nicht im Kriegsgeschäft tätig sein sollte. Deshalb bitten wir dich darum, das Projekt Maven abzubrechen und eine klare Richtlinie aufzusetzen, zu veröffentlichen und durchzusetzen, die besagt, dass weder Google noch seine Vertragspartner jemals Kriegstechnologie bauen werden.«

Die *New York Times* berichtete darüber am 5. April 2018 auf ihrer Titelseite unter der Überschrift »Das Geschäft des Krieges: Google-Mitarbeiter protestieren gegen die Arbeit für das Pentagon«. Konkret ging es dabei um den Einsatz von Googles führender KI-Technologie für die Analyse von Bildern und Videodaten. Diese eignet sich auch dafür, die Zielgenauigkeit von Drohnenangriffen zu verbessern. Es war die Zeit des »Kriegs gegen den Terror«, in dem das US-Militär zum Teil aus Tausenden Kilometern Entfernung Drohnenangriffe auf die radikalislamische Terrorgruppe Taliban flog. Die Reporter der *New York Times* beschrieben in ihrem Artikel einen »Kulturkonflikt« zwischen dem Silicon Valley und der US-Regierung. Dieser Konflikt werde sich noch zuspitzen, da moderne Künstliche Intelligenz zunehmend für militärische Zwecke eingesetzt werde.

Dabei ist der Einsatz von KI für das Militär zunächst aus ähnlichen Gründen interessant wie für große Unternehmen oder Behörden. Auch Streitkräfte wollen Künstliche Intelligenz nutzen, um Daten zu sammeln, zusammenzuführen und auszuwerten. Nur bei einem Teil der potenziellen militärischen KI-Anwendungen geht es darum, Ziele zu bekämpfen und Menschen zu töten.

Die Unterzeichner des Briefes an den Google-CEO jedenfalls wollten nicht, dass ihre Technologie militärisch eingesetzt würde. Da half es auch nicht, dass die verantwortliche Managerin für den Bereich Cloudinfrastruktur, Diane Greene, ihnen bereits versichert hatte, dass Google-KI nicht zum »Betreiben und Fliegen« von Drohnen oder zum Starten von Waffen genutzt würde. Damit sei zwar eine schmale Bandbreite konkreter Anwendungen ausgeschlossen, schrieben sie in dem Brief. Aber wenn die Technologie erst mal geliefert sei, wäre es ein Leichtes, sie doch für solche Zwecke einzusetzen. Google trete mit seinem Pentagon-Vertrag in eine Reihe mit Rüstungsunternehmen wie Raytheon und General Dynamics. Außerdem verwiesen die Unterzeichner auf Googles inoffizielles Motto: »Don't be evil.« Sei nicht böse.

Eine Frage der Ethik – und der Verteidigungsfähigkeit

Die Vorstellung, wie eine Bilderkennungstechnologie in Waffensystemen eingesetzt werden kann, ist vielen ungeheuerlich. Aber auch im Militär gilt, dass KI in der Lage ist, Prozesse schneller und effizienter zu machen. Im Fall von Waffen und Munition heißt das auch: treffsicherer und tödlicher. So ermöglicht Künstliche Intelligenz, menschliche Ziele auch in weiter Entfernung zu identifizieren, ohne sich selbst in Gefahr zu bringen. Viele Menschen lehnen den Einsatz der Technologie in militärischen Systemen deshalb grundsätzlich ab.

Das gilt auch und ganz besonders für Menschen in Deutschland. Selbst der Krieg in der Ukraine ändert das nur langsam. Dabei zeigt sich dort, dass softwarebasierte Waffen- und Aufklärungssysteme längst eine entscheidende Rolle spielen. Künstliche Intelligenz in militärischen Anwendungen ist nicht länger nur eine Frage der Ethik, sondern auch der Verteidigungsfähigkeit.

»Wir erleben eine Zeitenwende«, hat Bundeskanzler Olaf Scholz wenige Tage nach dem Beginn des groß angelegten Angriffskriegs Russlands auf die Ukraine im Februar 2022 in einer Regierungserklärung gesagt. »Und das bedeutet: Die Welt danach ist nicht mehr dieselbe wie die Welt davor.« Seither haben sich sehr viel mehr Menschen in Deutschland wieder Gedanken über die Verteidigungsfähigkeit und Sorgen um die Ausrüstung der Bundeswehr gemacht. Für die Bereitstellung eines Sondervermögens von 100 Milliarden Euro für die Bundeswehr lag laut einer repräsentativen Befragung des Meinungsforschungsinstituts Infratest dimap die Zustimmung bei fast zwei Dritteln der Befragten.

Auf der Einkaufsliste des Verteidigungsministeriums stehen Tarnkappenjets, Transporthubschrauber, Korvetten und Fregatten, neue Schützenpanzer und Truppentransporter. Nur 500 Millionen Euro aus dem 100-Milliarden-Budget – gerade einmal 0,5 Prozent – sind für Forschung und Entwicklung vorgesehen und sollen in bessere Navigation sowie die »Überwachung und Sicherung großer Räume mittels Künstlicher Intelligenz« investiert werden. Scharfe Kritik daran äußerte Nico Lange, der in der Amtszeit von Annegret Kramp-Karrenbauer (CDU) als Verteidigungsministerin Chef des Leitungsstabs des Ministeriums war. In der Zeitschrift *Internationale Politik* warnte er vor der Gefahr, »dass wir jetzt militärische Fähigkeiten erwerben, die wir (…) bereits vor zehn Jahren gebraucht hätten«. »Sirrende Kamikazedrohnen«, »ständige Konnektivität« und »Datenauswertung, oft mithilfe von Künstlicher Intelligenz«, seien in der Ukraine bereits kriegsentscheidend, schrieb Lange. Es falle »nicht schwer, sich eine nahe Zukunft vorzustellen, in der Systeme mit Algorithmen und KI autonome Waffen antreiben«.

Was den Einsatz von KI-basierten Waffen betrifft, hält es die Ampelkoalition aus SPD, Grünen und FDP dennoch ähnlich wie zuvor die Große Koalition: »Letale Autonome Waffensysteme, die vollständig der Verfügung des Menschen entzogen sind, lehnen wir ab. Deren internationale Ächtung treiben wir aktiv voran«, heißt es im Koalitionsvertrag von 2021. Daran wurde auch nach dem russischen Angriff auf die Ukraine und unter dem Eindruck eines von unbemannten Drohnen geprägten Krieges nichts geändert.

Mensch und Maschine im Krieg

Frank Leidenberger warnt davor, sich Künstlicher Intelligenz im Militär zu verschließen. Der Generalleutnant außer Dienst des Heeres ist inzwischen Chef der BWI, des IT-Dienstleisters der Bundeswehr. »Überall auf der Welt wird an autonomen Systemen entwickelt«, sagte er im Sommer 2023 im Gespräch. »Wir erlegen uns tendenziell Denkverbote auf, die verhindern, dass wir KI-Expertise im Militärsektor aufbauen.« Eine offene Debatte könnte, so Leidenberger weiter, zumindest eine Diskussion ermöglichen, was der Begriff der autonomen Waffen eigentlich einschließt.

An einer allgemeingültigen Definition sind auch schon internationale Bestrebungen gescheitert, die Autonomie von Waffensystemen einzuschränken. In der Bevölkerung sind die Vorstellungen solcher Systeme stark durch Science-Fiction geprägt: Viele denken an vollautonome Roboter, die einen Feind erkennen, selbstständig losziehen und Menschen töten. Die gibt es aber bislang nur im Kino. Killerroboter verzerren, welche Entwicklungen tatsächlich im Sinne der Militärs wären – zumindest in Deutschland.

»Den selbstlernenden Killer aus Terminator-Szenarien gibt es nicht und wir setzen alles daran, ihn nicht zu erschaffen«, sagt Peter Stütz. Der Professor für Flugmechanik und Flugführung forscht an der Universität der Bundeswehr in München auch zu unbemannten Systemen. »Ein rational denkender Militärstratege würde einen selbstlernenden Killer genauso wenig einsetzen wie etwa biologische Waffen«, sagt er. Ein lernfähiges System, das sich im Einsatz unkontrolliert verändern könnte, berge enorme Risiken und könne sich auch gegen seinen Nutzer wenden. Die Vorstellung übersteigt auch bei Weitem, was heute technologisch möglich zu sein scheint. Zugleich wird in Bezug auf heutige unbemannte Drohnen, U-Boote und Fahrzeuge häufig schon von »autonomen« Systemen gesprochen. Das kann zu Missverständnissen führen. »Was als autonome Systeme tituliert wird, ist mitnichten autonom«, sagt Axel Schulte, der wie Peter Stütz als Professor für Flugmechanik und Flugführung an der Universität der Bundeswehr in München lehrt. Er verwehre sich gegen die Vorstellung, dass Drohnen autonome Waffen seien. »Die werden alle irgendwo von Menschen gesteuert.«

Das wichtigste Ziel der Forschung an unbemannten Systemen ist, eigene Soldaten aus der Gefechtszone herauszuhalten. Sie sind zunehmend in der Lage, sich selbst die beste Route zu suchen und Gegner zu identifizieren. Aber bei allen in Deutschland diskutierten Ansätzen zum Einsatz solcher Systeme gilt das Prinzip vom »Human in the Loop«: Gemeint ist, dass in letzter Instanz immer ein Mensch die Entscheidung trifft und Verantwortung trägt. »Die höchste Form der Autonomie ist die sinnvolle Kooperation mit dem Menschen«, sagt Axel Schulte. Die Zusammenarbeit von Mensch und Maschine sei ein »Topforschungsfeld«.

Dahinter steht auch die Zielsetzung der derzeit größten europäischen Rüstungsprojekte. Sowohl die Kriegsflugzeuge als auch die Kampfpanzer der nächsten Generation sollen von unbemannten Systemen begleitet werden. Damit Menschen das Future Combat Air System der Bundeswehr, also das Luftkampfsystem der Zukunft, mitsamt der Begleitsysteme steuern können, brauchen sie Unterstützung durch Künstliche Intelligenz. Die Zusammenarbeit zwischen Mensch und Maschine kann man sich laut Axel Schulte wie Teamwork unter Menschen vorstellen. Wenn zwei Menschen zusammenarbeiten, machen sie sich ein Bild von ihrem Partner: Was macht er, wo braucht er Hilfe, wo ist er überfordert? Diese Fähigkeit wollen Schulte und seine Kollegen auch Maschinen beibringen. Fahrerassistenzsysteme aus dem Auto sind ein einfaches Beispiel aus der zivilen Welt, in der die Maschine schon auf die Fähigkeiten des Menschen reagieren kann: Sie erkennen, wenn der Fahrer müde wird, und können ihn warnen. Ganz ähnlich könnte eine Anwendung für Piloten der Bundeswehr aussehen. Eine KI im Cockpit solle künftig eine Art Situationsbewusstsein entwickeln, um festzustellen, ob der Pilot alle für ihn relevanten Informationen gesehen hat, schildert Schulte. Dazu könne etwa die Bewegung der Augen verfolgt und analysiert werden.

Auf die Zusammenarbeit von Mensch und Maschine setzt auch Marc Wietfeld. Der 33-jährige Soldat hat die Firma ARX Landsysteme aus der Universität der Bundeswehr in München ausgegründet. Er baut und verkauft KI-basierte Roboter, die Soldaten im Einsatz begleiten und ihnen bestimmte Aufgaben abnehmen sollen. Wietfelds Roboter, die alle Gereon heißen, erinnern optisch an größere Rasenmäher. Sie sollen Panzer täuschen können, als mobiles Datenzentrum die Funkverbindung sichern, bei Gefahr Nebel erzeugen und Militärgerät und Verwundete transportieren. Das kleinste Modell trägt bis zu sieben Kilogramm, das größte bis zu 450. Die Roboter können einzeln und in Gruppen eingesetzt werden.

Um die vielen verschiedenen Systeme zu steuern, braucht es KI – sonst wären die Soldaten schnell überfordert. Deshalb sollen die Roboter nicht mehr Einzelbefehle bekommen, sondern größere Aufträge, wie etwa »die rechte Flanke überwachen« oder »diesen Bereich aufklären«. Was dann genau zu tun ist, sollen die Systeme situationsbedingt interpretieren können. KI kommt auch ins Spiel, weil die Roboter lernen sollen, auf Gesten zu reagieren. »Wir arbeiten darauf hin, dass sich die Roboter mit den gleichen Handzeichen steuern lassen, wie Infanteristen sie bekommen«, sagt Wietfeld. Außerdem sollen die Roboter sich gegenseitig beibringen, welche Hindernisse sie überfahren können und welche sie umrunden müssen. Das ist unter anderem wichtig, wenn die Systeme in neuen Vegetationen eingesetzt werden. Wenn ein System im Einsatz etwas lerne, könnte »diese Information in Echtzeit über den Server der Bundeswehr an ein System übertragen werden, das zu Hause steht«. Theoretisch könnten die Roboter von Marc Wietfeld künftig auch bewaffnet werden. Bisher hat er davon aber abgesehen, er sieht darin nach eigenen Aussagen keinen Vorteil: »Soldaten kämpfen bisher besser als unbemannte Systeme.« Deshalb sollten Roboter dafür sorgen, dass sich die Soldaten auf das Kämpfen konzentrieren können.

Wie lange diese Analyse Bestand hat, wird sich zeigen. Für den Moment hilft Wietfelds Strategie aber auch, privates Kapital anzuziehen. Im September 2023 hat er mehr als eine Million Euro von Wagniskapitalinvestoren eingesammelt. Waffensysteme kommen für diese Investorenkategorie in den allermeisten Fällen nicht infrage.

Verteidigung wird zum Softwareproblem

Dass es in Deutschland überhaupt Rüstungs-Start-ups gibt – und Investoren, die sie finanzieren –, ist ein neues Phänomen. Es ist ein Weg, den auch die Gründer von Helsing mitbereitet haben. Das deutsche Jungunternehmen ist Europas größtes KI-Start-up im Rüstungsbereich. Und die Geschichte der Firma begann dort, wo die Zusammenarbeit von Google mit dem US-Verteidigungsministerium ein Ende fand. Mitgründer Torsten Reil beschreibt den Protest der Google-Mitarbeiter gegen Project Maven als »Schlüsselmoment«. Als er im Frühjahr 2018 davon hörte, habe er sich gefragt: »Wenn die besten KI-Leute nicht mit dem US-Verteidigungsministerium zusammenarbeiten wollen – wer macht es dann?«

Schon vier Jahre zuvor, als Russland die Halbinsel Krim annektierte, war Reil alarmiert. Der russische Präsident Wladimir Putin hatte entschieden, mit Gewalt innerhalb von Europa Grenzen zu verschieben. Offenbar gab es dagegen keine wirksame Abschreckung. Reil war damals kein Militärkenner, sondern kam aus der Computerspielbranche. Er hatte zwar Wehrdienst geleistet, danach aber Biologie und Künstliche Intelligenz studiert. Eigentlich hatte er beides in einer Doktorarbeit an der Universität Oxford verbinden wollen. Doch eine selbstentwickelte Animationstechnologie brachte ihn auf andere Ideen: Reil war es gelungen, mithilfe von Künstlicher Intelligenz die Bewegung von Menschen, Tieren und Fabelwesen am Computer zu simulieren. Diese Technologie verkaufte er zunächst als virtuelle Stuntmen nach Hollywood, wo sie in Filmen wie *Herr der Ringe, Harry Potter* und *Spider-Man* zum Einsatz kam, dann in großen Computerspielen wie *Star Wars* und *Grand Theft Auto IV* und *V*. Richtig erfolgreich wurde Reil mit seiner Firma Natural Motion aber erst, als er entschied, selbst Spiele zu entwickeln. Seine Firma landete Hits wie das Smartphone-Autorennspiel *CSR Racing*. So wurde auch der große Onlinespielehersteller Zynga auf den Spieleentwickler aufmerksam. Kurz vor der russischen Krimannexion verkaufte Reil Natural Motion für mehr als eine halbe Milliarde Dollar an das US-amerikanische Spieleunternehmen. Drei Jahre blieb er dort als Manager an Bord. Dann zog er nach Berlin, fing an zu investieren und hatte viel Zeit, das Weltgeschehen zu beobachten.

Der Protest der Google-Mitarbeiter war für Reil dann die Initialzündung, Europa nach Technologieunternehmen mit Expertise im Verteidigungssektor abzusuchen. Er hatte die feste Absicht, in solche Unternehmen zu investieren. Und er fand nur eine einzige kleine Firma in München: Hellsicht. Deren Gründer Niklas Köhler und seine Mitarbeiter unterstützten projektbasiert Firmen im Verteidigungsbereich, die Softwareprobleme hatten. Reil war von den technischen Kompetenzen des Teams überzeugt. Doch das Geschäftsmodell von Hellsicht ließ sich nicht so skalieren, wie es wagniskapitalfinanzierte Start-ups und ihre Investoren typischerweise anstreben. So wie die Firma aufgestellt war, hätte sie auch mit massiven Investitionen nur langsam wachsen können. Dass aus der kleinen Firma Hellsicht das inzwischen weit bekannte Jungunternehmen Helsing werden konnte, wäre nicht ohne einen weiteren Mann denkbar gewesen, den er Ende 2020 kennenlernte: Gundbert Scherf.

Scherf ist promovierter Wirtschaftspolitologe, war mehr als zehn Jahre Unternehmensberater bei McKinsey und zwei Jahre lang Beauftragter für die strategische Steuerung nationaler und internationaler Rüstungsaktivitäten der Bundeswehr. Die damalige Verteidigungsministerin Ursula von der Leyen hatte ihn 2014 in ihr Ministerium geholt. So kam schließlich ein Team zusammen, das die Erfahrungen und Kenntnisse für den Aufbau eines Militärunternehmens mit großen Wachstumsambitionen mitbrachte: Reil kannte sich damit aus, ein wagniskapitalfinanziertes Unternehmen aufzubauen, Köhler hatte die technologische Expertise im Verteidigungssektor, und mit Scherf stieß ein im politischen Berlin und speziell der Verteidigungspolitik gut vernetzter Kopf hinzu. Trotz alledem scheint die bemerkenswert schnelle Entwicklung ihres Unternehmens ohne die dramatische Entwicklung in der Ukraine kaum denkbar.

Zweieinhalb Jahre nach der Gründung hat Helsing nicht nur deutlich mehr als 300 Millionen Euro eingesammelt und wird mit 1,7 Milliarden Euro bewertet. Die Berliner Firma hat auch schon Aufträge des deutschen Verteidigungsministeriums erhalten. Über die längste Strecke dieses Zeitraums haben sich die Co-Chefs Scherf und Reil und Mitgründer Niklas Köhler mit öffentlichen Äußerungen zu ihrem Unternehmen zurückgehalten. Solange die Firma keine Aufträge vorzuweisen hatte, haben die Gründer Interviews zu ihren Plänen immer wieder abgelehnt. Erst mit dem ersten größeren Auftrag beginnt das Unternehmen, sich zu öffnen. Im Juni 2023 beauftragt das Verteidigungsministerium Helsing zusammen mit dem schwedischen Rüstungskonzern Saab, Eurofighter-Jets der Bundeswehr für den sogenannten elektronischen Kampf zu befähigen. Dabei geht es um alle Aktionen im elektromagnetischen Spektrum, etwa das Stören und Manipulieren von Radarsignalen.

Wenige Tage nachdem die Auswahlentscheidung des Bundeswehr-Beschaffungsamts bekannt geworden ist, laden Gundbert Scherf und Torsten Reil erstmals zum Interview in ihr Berliner Büro ein. Der Hauseingang liegt so unerwartet zwischen der Polnischen Apotheke und der Kneipe »Treffpunkt Berlin«, dass er leicht zu verfehlen ist. Dabei zählt das schmale Jugendstilgebäude mit einer steinernen Göttin über dem Eingang eigentlich zu den schönsten der Mittelstraße, die parallel zur bekannten Flaniermeile Unter den Linden mit dem Brandenburger Tor verläuft. Helsing hat sich mit seiner Hauptstadtrepräsentanz mitten im Berliner Politikbetrieb angesiedelt, kaum mehr als einen Kilometer entfernt liegen das Reichstagsgebäude und das Kanzleramt.

Das Büro auf einer der oberen Etagen ist klein und schlicht – mit weißen Wänden, schwarzen Vorhängen und hohen Fenstern. Torsten Reil trägt Jeans und blaues Shirt. Gundbert Scherf, goldene Rundbrille, feiner Lederschuh, kommt etwas verspätet und direkt aus einem Termin in einem Ministerium.

Die Frage, wie Helsing grundsätzlich über den Nutzen von KI in Verteidigungssystemen nachdenkt und Projekte priorisiert, weckt den Berater in ihm. Der Helsing-Chef zeichnet ein Achsendiagramm: An die senkrechte Achse schreibt er oben »strategic« und unten »tactical«. Die waagerechte Achse beschreibt die Zeit von »real time« auf der linken Seite zu »non-real time« auf der rechten Seite. Scherf nutzt diese Darstellung, um zu verdeutlichen, dass noch vor wenigen Jahren ganz andere Anforderungen an KI-Systeme im Verteidigungsbereich gestellt wurden. Damals sind Unternehmen wie der US-Datenanalyse-spezialist Palantir entstanden. Bei Auslandseinsätzen zur Terrorbekämpfung in Afghanistan habe das Militär Zeit gehabt, mit Drohnen Langzeitaufklärung zu betreiben und die Daten in der Cloud auszuwerten. Das war strategisch, langfristig angelegt – also der Bereich rechts oben im Achsendiagramm. Scherf zeichnet dort ein Quadrat ein. Dann setzt er den Stift an und zieht einen Pfeil nach links unten. Jetzt geht es um die Landes- und Bündnisverteidigung. Das ist zeitkritisch. Es geht um Echtzeitdaten, die vor Ort erhoben, ausgewertet und in die taktischen Entscheidungen einbezogen werden sollen, sagt Scherf.

Alles, was Helsing tut, ist von dieser Grundannahme geleitet. Es müssen so schnell wie möglich alle erhobenen Daten zusammengeführt und ausgewertet werden. Das Jungunternehmen will dazu Sensoren von alten wie neuen Verteidigungssystemen verknüpfen und sämtliche Sensordaten in eine Plattform integrieren. Torsten Reil sagt: »Das Problem ist aus KI-Sicht immer das gleiche: Sensoren sammeln Daten – Bilder, Infrarot- oder Radardaten, die integriert und prozessiert werden müssen, damit Personen in Echtzeit die richtigen Entscheidungen treffen können.«

Mit ihren Ideen für eine softwaregestützte Verteidigung dringt Helsing im Jahr 2023 auch beim Bundesverteidigungsministerium durch. Es vertraut dem Jungunternehmen unter anderem bei der Modernisierung des Eurofighters.

Experten sehen den Kriegsverlauf in der Ukraine als Beleg dafür, dass ältere Luftkampfsysteme bei Aufklärung und Selbstschutz ein Update benötigen. Die militärischen Flugzeuge auf beiden Seiten kommen mit der elektronischen Kampfführung nicht klar. Die Leistungsfähigkeit der Kampfjets wird etwa durch das sogenannte Jamming verringert, das elektronische Stören von Signalen. Die Eurofighter sollen in einem Kriegsfall in der Lage sein, feindliche Luftabwehrsysteme am Boden auszuschalten. Die Fähigkeit, die Systeme der feindlichen Streitkräfte zu lokalisieren, ist dafür eine Grundvoraussetzung. Das wird immer schwieriger. Hier soll Helsings Sensordatenplattform zum Tragen kommen. Der Fokus liegt in diesem Fall auf elektromagnetischen Spektren, also vor allem auf Radarsignalen.

Radartechnologie funktioniert grundsätzlich so: Radare senden Energie aus. Über die Pulse, die wieder reflektiert werden, erkennen sie dann, wo sich zum Beispiel ein Flugzeug befindet und wohin es sich bewegt. Auch Kampfflugzeuge selbst sind mit solchen Radaren ausgestattet. Die Frage, wie die Energie wieder auf den Flieger aufprallt, ist entscheidend. Aus den Zeitreihen der Pulse ließen sich mit einem intelligenten System wichtige Informationen ablesen, sagt Helsing-Mitgründer und -Produktchef Niklas Köhler: »Ist der Pilot oder die Pilotin vom gegnerischen Radar schon gefunden worden, ist da jemand im Suchmodus, oder weist der schon eine Lenkrakete auf den Kampfjet ein?« Doch die Muster werden immer komplexer, unter anderem durch den Fortschritt der Radartechnologie. Denn wenn die Pulse nicht mehr allein von Hardware, sondern auch von Software bestimmt werden, können beide Seiten sie manipulieren.

Torben Arnold, Luftwaffenoffizier und Gastwissenschaftler bei der Stiftung Wissenschaft und Politik (SWP) in Berlin, erklärt das so: »Man kann dem Feind heute falsche Koordinaten vorgaukeln.« In solchen Fällen könnte also ein Radar im Trackingmodus so aussehen wie ein Radar im Suchmodus. Und die Kampfjetseite könnte dem Bodenradar vortäuschen, dass nur zwei Kampfflugzeuge unterwegs seien, obwohl es tatsächlich deutlich mehr sind. »Konventionelle Methoden kommen in dieser Rüstungsspirale an ihr Limit«, sagt Niklas Köhler. Softwarebasierte Systeme sind schon jetzt gut darin, ihre eigenen Spuren zu verwischen. Sie müssen aber auch damit klarkommen, dass die gegnerische Seite sie ebenfalls irritieren will – und darin immer etwas besser sein als potenzielle Feinde. Es brauche moderne KI-Verfahren, um in den Zeitserien der Signale subtile Muster zu finden. »Mit unserer Mustererkennung ist es möglich, immer noch zu erkennen, was ein Radar vorhat, obwohl es auf den ersten Blick sein Verhalten komplett geändert hat.«

Es ist fast paradox: Ohne das Militär und seine Milliardeninvestitionen in Zukunftstechnologien wären das Silicon Valley und vielleicht die ganze moderne Softwareindustrie nie entstanden. Viele Technologien für Konsumenten wurden zunächst für das Militär erforscht – dazu zählen Computer, das Navigationssatellitensystem GPS und das Internet. Jetzt scheint sich diese Beziehung umzudrehen. Technologie, die in zivilen Unternehmen massiv vorangetrieben wird, drängt in den militärischen Bereich – und stellt die traditionelle Rüstungsindustrie vor Herausforderungen, die sie nach Meinung der Helsing-Gründer allein nicht gut meistern kann. »Verteidigung ist zum Softwareproblem geworden«, sagt Helsing-Co-Chef Torsten Reil. Die klassischen Rüstungsfirmen seien aber Hardwarefirmen. »Wir wissen aus der Automobilindustrie, dass Hardwarefirmen sich schwertun, Spitzensoftwareteams zu bauen.«

Die Frage ist, wie das Problem in Zukunft gelöst werden kann. Google hat den Vertrag mit dem Pentagon nach dem Protest seiner Mitarbeiter nicht verlängert. Amazon und Microsoft kooperieren hingegen mit dem US-Militär. In Deutschland könnten neue Lösungen von Start-ups wie Helsing oder ARX Landsysteme kommen. Denn unter dem Eindruck des russischen Angriffskriegs auf die Ukraine öffnen sich erste Wagniskapitalfirmen für die Finanzierung von Militär- und Dual-Use-Technologien, die zivil und militärisch eingesetzt werden können.

Ein Hemmnis stellen hierzulande aber weiterhin die Zivilklauseln dar. Etwa 70 Hochschulen haben sich selbst verpflichtet, ausschließlich Forschung zu zivilen Zwecken zu betreiben. Doch solche Regelungen scheinen einerseits zum Teil schon von der technologischen Entwicklung überholt. In Zeiten, in denen die gleichen KI-Algorithmen Werbung und Falschmeldungen verbreiten können, in denen dieselben Satellitennetzwerke eingesetzt werden, um Bürger mit Internet zu versorgen und bewaffnete Drohnen zu navigieren, und in denen Automobilhersteller genau wie Panzerbauer selbstfahrende Fahrzeuge entwickeln, können Forscher eine militärische Verwendung ihrer Erfindungen und Erkenntnisse kaum ausschließen. Und es scheint umso wichtiger, dass sich Forscher damit befassen, wie ihre Technologien in Waffensystemen eingesetzt werden könnten.

Andererseits wird auch politisch zunehmend diskutiert, ob die Zeitenwende die Öffnung der Universitäten für Forschung an Fragen von Militär und Verteidigung erfordert. Allen voran hat die Bundesministerin für Bildung und Forschung Bettina Stark-Watzinger die Zivilklausel zur Disposition gestellt. Sie argumentiert, dass das Bild einer moralisch überlegenen zivilen Forschung und einer moralisch weniger vertretbaren militärischen Forschung zwar weit verbreitet, aber zunehmend fraglich ist, wenn die Grenzen durch den technologischen Fortschritt zunehmend verschwimmen. Außerdem mahnt sie an, dass es auch darum geht, einen Beitrag zur inneren Sicherheit und damit zum Wissenschaftssystem zu leisten. Auch ihre Amtsvorgängerin Annette Schavan von der CDU hat 2023 gefordert, dass die Universitäten die Zivilklausel neu diskutieren. In einem Interview mit *Table.Media* sagte sie: »Wenn schon Zeitenwende, wenn wir also sagen, wir müssen jetzt wieder fähiger, resilient werden, dann heißt das auch, technologisch etwas zu ändern. Und nicht nur in unserer Gedankenführung.«

Damit ist lange nicht gesagt, dass Universitäten in Deutschland aktiv die Bundeswehr unterstützen sollten. Vielmehr geht es darum, auch Themen wie die technologische Souveränität unter einer neuen Perspektive zu betrachten. Schavan argumentiert: »Wenn ich etwas nicht will, muss ich dennoch viel davon verstehen.« Torsten Reil warnt, dass China als potenzieller Aggressor hier einen ganz anderen Weg geht. Dort seien die Grenzen zwischen der zivilen und militärischen Entwicklung fließend. »Wir müssen davon ausgehen, dass sie dadurch Fähigkeiten aufbauen, die die der bestehenden westlichen Firmen weit übertreffen können, wenn wir jetzt nicht handeln«, sagt er. »Und diese Technologie kann sich mittelfristig auch in russischen Händen wiederfinden.«

Auf einen Blick

Hauptthema: Auch das Militär will Künstliche Intelligenz einsetzen. Doch militärische Interessen treffen auf große Ängste und ethische Bedenken bei Bürgern und einigen Unternehmen, die die entsprechenden Technologien entwickeln könnten.

Warum das wichtig ist: Potenzielle militärische Gegner Deutschlands investieren bereits massiv in intelligente Software und KI-basierte Waffensysteme für ihre Streitkräfte. Deshalb wird der Einsatz von KI in der Bundeswehr auch in Deutschland zunehmend eine Frage der Verteidigungsfähigkeit.

Hintergrund: Die Debatte um KI für den Krieg ist geprägt von Killerrobotern, die viele Menschen aus Kinofilmen kennen. Dabei haben autonome Systeme, die außer Kontrolle geraten und sich gegen ihre Schöpfer wenden könnten, wenig mit den Systemen zu tun, an denen heute geforscht wird. Rüstungsunternehmen und Bundeswehruniversitäten arbeiten vielmehr an Verteidigungssystemen, die mit Menschen kooperieren können. Und in vielen Bereichen verfolgen sie ähnliche Interessen wie viele andere Großorganisationen auch.

Ausblick: Die Grenzen zwischen zivil und militärisch eingesetzten Technologien verschwinden zunehmend. Bei der Entwicklung von Sicherheits- und Verteidigungstechnologie sind deshalb Länder im Vorteil, in denen beide Sektoren eng zusammenarbeiten können. Namentlich die USA, Israel – und China. In Deutschland wird zwischen ziviler und militärischer Forschung heute noch strikt getrennt. Doch Forderungen nach einem Aufweichen der sogenannten Zivilklauseln müssen diskutiert werden.

Desinformation: Welchen Informationen können wir überhaupt noch trauen?

Die Straßenbahn zuckelt durch den Sunset District im Westen von San Francisco. Die meist zwei- bis dreistöckigen Häuser zeichnen sich durch bunte, verzierte Fassaden aus. Es sind die frühen Morgenstunden. An einer Haltestelle steigen wie jeden Tag einige Menschen ein. Aber an diesem Tag ist etwas anders. Heute sind die Blicke vieler Menschen nicht auf ihre Smartphones oder Bücher gerichtet, sondern auf die schlichten Plakate, die überall in der Nähe der Haltestellen und in der Stadt verteilt zu sehen sind. Die Plakate sind minimalistisch, fast steril in ihrem Design. Sie sind weitgehend weiß. In der Mitte zeigen sie ein graues Gerät, das einer Bowlingkugel ähnelt. Darüber steht der Name Worldcoin.

Die silberne Sphäre erinnert an eine verkleinerte Ausgabe des Todessterns aus *Star Wars*. Die Idee hinter dieser Kugel scheint ebenso fantastisch wie die berühmten Science-Fiction-Filme. Sie soll jedem Menschen ermöglichen, seine Iris als Identitätsnachweis zu scannen. Acht Milliarden Menschen. Dies soll den Grundstein für eine globale Digitalwährung und ein bedingungsloses Grundeinkommen legen.

Ich habe mich in San Francisco mit einem Mitarbeiter von Worldcoin verabredet. Ich will mir selbst einen Eindruck davon verschaffen, was die Technik kann. Und ich will selbst erleben, wie der Irisscanner funktioniert. Dabei gibt es aber zunächst ein Problem. »Sorry, mein mobiler Internetzugang funktioniert nicht. Dann kann ich den Scanner leider nicht nutzen«, erklärt mir der Worldcoin-Mitarbeiter. Ich schlage vor, den WLAN-Zugang in einem der Geschäfte zu nutzen. In der Kaffeerösterei Beanery werden wir fündig. Wir bestellen uns zwei Latte Macchiato und setzen uns an einen Tisch. Aus einem schwarzen Rucksack zieht der Mitarbeiter den Augenscanner. Er schaltet ihn ein. Weniger später ist er mit dem Internet verbunden und einsatzbereit. Er hält ihn vor mein Gesicht. Die weißen Lampen blinken auf. Dann muss ich einen QR-Code von meinem Smartphone scannen.

Der kugelförmige Scanner trägt den Namen Orb, was auf Deutsch Kugel oder Himmelskörper heißt. Er hat etwa die Größe einer Bowlingkugel und bringt 2,8 Kilogramm auf die Waage. Hochauflösende Kameras und diverse Sensoren erfassen das Gesicht und stellen sicher, dass sich tatsächlich ein Mensch vor der Linse befindet. Auf diese Weise soll jede einzelne Person unter Milliarden eindeutig identifizierbar gemacht werden.

Ein leuchtender Halbkreis erscheint und schließt sich nach ungefähr zwanzig Sekunden zu einem Ring. »Es hat funktioniert«, bestätigt der Mitarbeiter von Worldcoin. Ich gehöre nun zu den über zwei Millionen Menschen, die sich bereits auf dieses Projekt eingelassen haben. In vielen Ländern gibt es mittlerweile Pop-up-Events und Partnergeschäfte, in denen Freiwillige ihre Iris scannen lassen können. Auf der einen Seite fühle ich mich wie ein Pionier, der Neuland betritt. Auf der anderen Seite frage ich mich, ob ich nicht total naiv bin, so bereitwillig sensible Daten von mir einem Start-up zur Verfügung zu stellen.

Sam Altman: Der Mann hinter Worldcoin und ChatGPT

Der Vordenker hinter Worldcoin ist Sam Altman. Als Gründer und CEO des Start-ups OpenAI hat er mit dem Textroboter ChatGPT einen weltweiten Wettbewerb in der Künstlichen Intelligenz ausgelöst. Doch anscheinend genügt es ihm nicht, mit 38 Jahren der Schirmherr einer weltverändernden Technologie geworden zu sein und nebenbei in Dutzende ambitionierte Start-ups zu investieren. Mit Worldcoin wagt er sich an sein nächstes Großprojekt. Zusammen mit dem jungen Unternehmer Alexander Blania aus Bayern setzt Altman ein Konzept um, das Irisscan, Digitalwährung und Grundeinkommen miteinander verbinden soll. Das Konzept sieht vor, dass jeder, der seine Iris mit dem Orb scannt, ein Startkapital erhält. Um dies umzusetzen, hat das Team Freiwillige gesucht. Viele der ersten Gescannten, die teilgenommen haben, stammen aus Entwicklungsländern.

Mithilfe des Orbs verifiziert Worldcoin, dass jede Person echt ist und sich noch nicht zuvor angemeldet hat. Bei der Registrierung müssen Name, E-Mail-Adresse oder Telefonnummer nicht angegeben werden. Wer sich sein Auge scannen lässt, bekommt dafür Worldcoin-Token zugewiesen. Woche für Woche werden neue Token freigeschaltet. Zum Start des Systems gab es einmalig 25 Token als Einstiegsbonus. Ein Token war zum Beginn des Handels Ende Juli 2023 rund 3,30 Dollar wert. Rechnerisch war der Einstiegsbonus zu diesem Zeitpunkt also 82,50 Dollar wert. Wer wollte, konnte seine Worldcoin an Onlinehandelsplätzen gegen US-Dollar oder Euro tauschen. In Kenias Hauptstadt Nairobi stellten sich Zehntausende Menschen an, um sich die Iris scannen zu lassen und den Bonus zu kassieren. Als es zu Tumulten kam, schritt die Polizei ein. Die Ausgabe weiterer Worldcoins wurde von den Behörden zwischenzeitlich gestoppt.

Der Worldcoin ist eine dieser gigantischen Ideen, die nichts weniger wollen, als die gesamte Welt zu verändern – Ideen, die nur aus dem Silicon Valley kommen können. Sie bewegt sich zwischen düsterer Zukunftsdystopie und dem Versprechen auf eine bessere Welt. Und sie wäre ohne den Erfolg Künstlicher Intelligenz kaum denkbar gewesen. Denn in einer Welt, in der Algorithmen Texte, Bilder und Videos wie Menschen erschaffen können, ist nichts mehr sicher. Plötzlich sollen sich Menschen von einer Maschine scannen lassen, nur um zu beweisen, dass sie wirklich Menschen sind.

Ich will von Altman und Blania persönlich erfahren, was sie planen. Das Interview findet über zwei Kontinente hinweg statt.

Altman und ich sind in San Francisco. Die Sonne scheint. Der Himmel ist blau. Blania ist aus Berlin zugeschaltet. Aufgrund der neun Stunden Zeitverschiebung hat für Blania bereits die Nacht begonnen. Sam Altman gibt sich ganz entspannt. Während des Interviews sitzt er vor einem Bild, das Astronauten während der Mondlandung zeigt. »Moonshot«, also ein Schuss auf den Mond wie bei der Weltraummission, nennen sie in den USA die besonders ambitionierten Projekte. Und so ein Moonshot soll Worldcoin werden, wenn es nach Altman geht.

Kryptowährungen gibt es viele. Warum braucht es mit Worldcoin noch eine? Altman überlegt nicht lange und antwortet: »Im Internet gibt es ein Problem. Algorithmen werden immer leistungsfähiger. Dadurch ist es schwer zu erkennen, ob wir uns gerade mit einem Menschen oder einem Roboter austauschen. Also brauchen wir einen Weg, der uns Menschen als echte Menschen ausweist. Das klingt banal, ist in der Praxis aber ein schwer zu lösendes Problem. Wir haben viel Zeit und Geld in eine Lösung gesteckt«, sagt Altman.

Altman ist selbst ein Urheber dieses Problems. Seine Firma OpenAI hat den Textroboter ChatGPT erschaffen, der ein globales Wettrennen um die Vorherrschaft bei Künstlicher Intelligenz ausgelöst hat. Will er also ein Produkt als Lösung für ein Problem verkaufen, das er uns selbst eingebrockt hat? Altman sagt: »Ich sehe das nicht so. Aber ich verstehe, warum Sie diese Verbindung herstellen. Für mich stehen all diese Firmen für unterschiedliche Ideen, einen Weg in die Zukunft zu beschreiten. Es ist nicht so, dass eine Firma das Problem einer anderen Firma lösen soll. Jedes Projekt steht für eine eigene Vision der Zukunft.«

Der Irisscanner könnte einem finsteren Science-Fiction-Film entsprungen sein. Warum ist das überhaupt nötig? Blania schaltet sich ein und sagt: »Wir wollen damit die Einzigartigkeit einer Person verifizieren. Sie können komplett anonym bleiben. Ein iPhone lässt sich ja auch mit dem eigenen Gesicht entsperren, und auch Apple arbeitet an einem Irisscanner.« Später führt er weiter aus: »Unabhängig von OpenAI verwischen die Grenzen zwischen Menschen und Maschinen im Internet immer mehr. Wir wollten anfangs eine digitale Währung schaffen und jedem Menschen einen Teil davon abgeben. Dafür brauchten wir aber einen Weg, um zu verhindern, dass Kriminelle das System missbrauchen. Unsere Lösung ist der Orb, der biometrische Daten erfasst. Dadurch kann er einen Identitätsnachweis hinsichtlich der Einzigartigkeit und dem Menschsein einer Person ausstellen. Die Anwendungsmöglichkeiten gehen aber viel weiter.«

Langfristig soll Worldcoin als Basis für ein bedingungsloses Grundeinkommen fungieren. »An diesem Punkt sind wir noch nicht«, sagt Altman. »Aber wir leben in einer Welt, in der Künstliche Intelligenz sehr mächtig wird. Der Wohlstand wächst rasant. Es wird völlig neue Möglichkeiten geben, was wir machen und erleben können. Ich denke, das wird zu einem besseren Lebensstandard für uns alle führen. In solch einer Welt ist ein bedingungsloses Grundeinkommen eine großartige Idee, die wir ausprobieren sollten.« Die Idee eines Grundeinkommens fasziniert viele Vordenker in der US-Technologieszene bereits seit Jahren. Tesla-Chef Elon Musk sagte zuletzt im Jahr 2023: »Ich gehe davon aus, dass wir ein bedingungsloses Grundeinkommen bekommen werden.« Auch Meta-Chef Mark Zuckerberg hat sich dafür ausgesprochen. Dahinter steht die Vorstellung, dass Lohnarbeit, wie wir sie heute kennen, durch technologischen Fortschritt radikal verändert wird. Damit alle Menschen genug Einkommen zum Leben haben, sollen sie daher eine regelmäßige Summe an Geld zur Verfügung gestellt bekommen.

Die Idee von Worldcoin geht weit über das Grundeinkommen hinaus. Das Projekt soll mehreres zugleich sein: eine Identitätsplattform, eine digitale Währung und die Plattform, die ein weltweites Grundeinkommen möglich machen kann. Was das Projekt darüber hinaus so einzigartig macht, sind nicht nur sein bekannter Gründer und der futuristisch wirkende Irisscanner, sondern auch die starke Verbindung zu Deutschland. Alexander Blania erlangte seinen Bachelorabschluss in Physik an der Friedrich-Alexander-Universität Erlangen-Nürnberg. Für seine Masterarbeit wechselte er als Austauschstudent an das California Institute of Technology (Caltech) in Los Angeles. »Mein Plan war eigentlich, in theoretischer Physik zu promovieren«, erinnert sich Blania. Doch dann erhielt er eine E-Mail von Sam Altman, der ihm von seiner Vision einer globalen Währung berichtete. »Es klang alles so absurd«, meint Blania, aber er ließ sich dennoch überreden, trat dem Projekt 2020 bei und stieg später zum CEO auf.

Im März 2020 reist Blania nach Deutschland. Während er im Flugzeug sitzt, verhängen die USA aufgrund des Coronavirus eine weitreichende Einreisesperre für Europäer. »Ich war im Flugzeug und wusste, ich konnte nicht zurück«, erzählt Blania. Er verlegte den Mittelpunkt des jungen Projekts vom Silicon Valley nach Erlangen, an seinen alten Studienort. Trotz Corona dürfen US-Amerikaner weiterhin nach Europa reisen. So werden Experten von Eliteuniversitäten wie Stanford oder dem Massachusetts Institute of Technology (MIT) nach Erlangen gebracht. »Wir hatten all diese brillanten Köpfe aus aller Welt für zwei Jahre in Erlangen, um das Unternehmen aufzubauen«, erzählt Blania. »Es war total unwirklich. Wir waren nicht einmal direkt in Erlangen, sondern im Vorort Tennenlohe.«

Mittlerweile ist das Team nach Berlin umgezogen. Auch in San Francisco gibt es ein Büro. Die Firma hinter dem Projekt nennt sich Tools for Humanity, also Werkzeuge für die Menschheit. Blania ist der Chef. Dem Projekt schlägt viel Misstrauen entgegen. Edward Snowden, der prominenteste Whistleblower unserer Zeit, brachte vor einem Jahrzehnt das Ausmaß der globalen Überwachungspraktiken der USA ans Licht und befindet sich heute im Exil in Moskau. Er sieht in Worldcoin ein riskantes Vorhaben. »Erstellt keinen Katalog von Augäpfeln«, mahnte Snowden im Jahr 2021. Auch zahlreiche Datenschutzexperten betrachten den Orb als potenzielles Überwachungswerkzeug. Adam Schwartz, ein Anwalt aus San Francisco, ist für die Electronic Frontier Foundation (EFF) tätig, eine Organisation, die sich auf digitale Bürgerrechte spezialisiert hat. Schon während meiner Zeit als Korrespondent in China hatte ich öfter mit der EFF zu tun. Es ist eine Truppe von versierten Hackern, die zu viel Macht in der Hand von Regierungen und Firmen sehr kritisch gegenüberstehen. Bei der EFF gibt es zudem viel Fachwissen. Deshalb frage ich dort nach.

»Spielt nicht mit dem Feuer!«, appelliert Schwartz an Altman und Blania. Das Risiko eines persönlichen Missbrauchs sei kaum abschätzbar. Wenn jemandem ein Passwort abhandenkomme, könne es ersetzt werden. Bei Verlust eines Führerscheins können neue Dokumente ausgestellt werden. »Unsere biologischen Merkmale aber sind unveränderlich«, warnt Schwartz. Er ist der Meinung, dass schon die Grundannahme von Worldcoin nicht stimmt: »Ich glaube schlicht nicht, dass wirklich die Iris aller Menschen gescannt werden müssen, um einen Nachweis unseres Menschseins zu erbringen.« Des Weiteren sei es »grundsätzlich falsch, Privatsphäre und finanzielle Anreize zu verbinden« – wie es bei der Kombination von Irisscan und Grundeinkommen der Fall ist.

Der österreichische Jurist und Datenschutzaktivist Max Schrems, der bereits erfolgreich gegen Facebook und die EU geklagt hat, äußert ebenfalls Bedenken: »Das durchschnittliche Start-up ist ein Strohfeuer, das nach wenigen Monaten oder Jahren nur noch eine Konkursmasse ist oder sonst wie ›verwertet‹ wird. Man hat gute Chancen, dass die eigene Iris dann Teil dieser Masse wird.«

In China ist Worldcoin eigentlich nicht verfügbar. Auf der vom Onlinehändler Alibaba betriebenen Plattform Taobao lassen sich aber Worldcoin-Zugangsdaten aus Ländern wie Kenia oder Indonesien für zehn bis zwanzig Euro kaufen. Die Zugangsdaten ließen sich nutzen, um damit etwa an gratis zugeteilte Worldcoin-Token zu kommen. Oder um eine KI als Mensch auszugeben. Gefälschte Zugänge könnten damit missbraucht werden, um das System auszuhebeln. Denn wenn sich ein KI-Roboter mit geklauten Daten im Internet als Mensch ausgeben kann, nützt die Verifikation von »echten« Menschen wenig. Blania bezeichnet den Handel mit Zugangsdaten in China als »bedauerlich«. Er betont, dort würden ausschließlich Zugangsdaten verkauft, es habe aber niemand Zugriff auf die Bilddaten der Irisscans von Betroffenen.

Andere Experten stört die Struktur hinter Worldcoin. Die Technik entwickelt Tools for Humanity mit Hauptsitz in San Francisco und einer Tochterfirma in Berlin. Eine Stiftung soll das Projekt langfristig steuern. Die ist wiederum auf den Kaimaninseln angesiedelt. Das britische Überseegebiet in der Karibik ist für seine laxen Steuer- und Datenschutzgesetze bekannt. Blania zufolge bevorzugen viele Kryptounternehmen die Kaimaninseln als ihren Standort, da diese eine dezentrale Struktur ermöglichen. Langfristig sollen die Inhaber von Worldcoin und nicht er oder Altman über die Zukunft des Projekts bestimmen. »In Bezug auf den Datenschutz unterliegen wir der Zuständigkeit des Bayerischen Landesamts für Datenschutzaufsicht«, erklärt Blania. Die Behörde sei bekannt für ihren rigorosen Datenschutz, und es habe bereits Gespräche gegeben.

Das will ich genauer wissen und rufe in München an. Ich erreiche Michael Will auf seinem Handy. Er ist der Präsident der bayerischen Datenschützer. Und er freut sich über das Interesse an Worldcoin. Selten habe er eine so spannende Aufgabe gehabt wie bei diesem Fall. Da Blania und sein Team ihre Arbeit in Erlangen begonnen haben, ist Will mit seiner Behörde federführend zuständig. Daher laufen auch Anfragen aus anderen

EU-Staaten bei ihm ein. Das Urteil von Will und seiner Behörde hat daher besonders viel Gewicht. Es habe keine Abstimmung mit Worldcoin gegeben, sagt Will. »Richtig ist, dass wir eine datenschutzrechtliche Untersuchung zu dem genannten Sachverhalt eingeleitet haben.« Bei Worldcoin gehe es um »eine Datenverarbeitung, die für die betroffenen Personen hohe Risiken birgt«.

Anders ausgedrückt: Will und sein Team schauen besonders genau hin. Es geht um viel. Sollte die Behörde einen Verstoß feststellen, könnte das die Zukunft von Worldcoin in Europa gefährden. Eine abschließende Entscheidung der Behörde gibt es noch nicht. Das Team von Worldcoin sei aber sehr auskunftsfreudig und habe bereits viele Daten und Informationen bereitgestellt, sagt Will. Er selbst könne aber nur für den Bereich Datenschutz sprechen. Da Worldcoin eine Digitalwährung werden wolle, sei auch die Finanzmarktaufsicht BaFin zuständig. Will empfiehlt mir, auch mit der Bafin in Frankfurt zu sprechen.

Dort erreiche ich eine Pressesprecherin. »Wir haben die Aktivitäten von Worldcoin im Blick«, sagt sie. Altman hatte behauptet, dass Worldcoin in Ländern wie Deutschland starte, weil seine Geschäftsidee dort legal sei, in den USA jedoch nicht. Ob das Unternehmen jedoch tatsächlich alle Gesetze und Bestimmungen in Deutschland einhält, bleibt bisher ungewiss. »Das Unternehmen Tools for Humanity verfügt über keine Erlaubnis der BaFin«, stellt die Behördensprecherin klar. Hat Worldcoin also voreilig gehandelt? Vielleicht sogar gegen Gesetze verstoßen? Das sei nicht klar, sagt die Sprecherin. Es müsse erst noch geprüft werden, ob überhaupt eine Erlaubnis erforderlich gewesen sei oder nicht. Das hätten Blania und sein Team im Vorfeld machen können – »Voranfrage« nennt die BaFin ein solches Verfahren. Die BaFin-Sprecherin: »Eine solche Voranfrage haben wir weder vonseiten Worldcoins noch von Tools for Humanity erhalten.« Nun schaut sich die Behörde das Projekt genauer an – Ausgang ungewiss. Eine Firmensprecherin betont auf Rückfrage, die Firma halte sich an alle Gesetze.

Je weiter ich in der Recherche komme, desto mysteriöser wird das Worldcoin-Projekt. Selbst die Behörden scheinen unsicher zu sein, was sie von dem Start-up mit dem Irisscanner und der Digitalwährung halten sollen.

Ist KI die neue Atombombe?

Ein Projekt wie Worldcoin wäre vor wenigen Jahren noch schwer vorstellbar gewesen. Aber in einer Welt, in der Künstliche Intelligenz Texte, Bilder und Videos wie ein Mensch erstellen kann, scheint nahezu alles möglich. Ausgerechnet Sam Altman, der Mann hinter OpenAI und ChatGPT, zieht den Vergleich mit der 1945 erstmals gezündeten Atombombe. »Ich würde mir etwas Vergleichbares zur Internationalen Atomenergiebehörde für Künstliche Intelligenz wünschen«, sagt Altman. Die in Wien ansässige Organisation wurde 1957 gegründet, ihr gehören mehr als 150 Länder an. Die Organisation entsendet Inspektoren in Länder, die nukleares Material zur Energiegewinnung nutzen. Sie hat Sicherheitsvorgaben für den Einsatz und die Verwendung des nuklearen Materials aufgestellt und überprüft sie. Damit will sie auch sicherstellen, dass das Wissen aus der Atomenergie nicht zu militärischen Zwecken verwendet wird, um etwa Atombomben zu bauen. Altman warnt: »Wir Menschen können exponentielles Wachstum kaum erfassen.« KI stehe noch ganz am Anfang. Schon heute übertreffe die Technologie in einigen Bereichen die Leistungen von Menschen. Aber was könne erst in ein paar Monaten oder Jahren möglich sein?

Für Meredith Whittaker sind solche Aussagen ein Ablenkungsmanöver. »Das sind alles leere Worthülsen«, sagt Whittaker. Die Techexpertin sitzt in einer Ecke eines Parkhauses im Zentrum von San Francisco. Sie ist umgeben von nackten weißen

Betonsäulen. Die Deckenleuchten werfen kaltes Licht auf den grauen Betonboden, der von vereinzelten Ölflecken gezeichnet ist. Die Fenster sind mit Staub bedeckt. In dem Gebäude findet die jährliche Technologiekonferenz der Nachrichtenagentur Bloomberg statt. Sam Altman war gerade auf der Bühne. Wenig später ist auch Whittaker dran. Bis dahin haben die Veranstalter sie auf die Parketage abgeschoben. »Was für ein Mist. Das ist wieder typisch. Die Techbrüder sind in der Lounge und ich muss auf dem Parkplatz frieren«, flucht sie, während sie ihre schwarze Lederjacke enger um ihren Körper zieht. Es gebe nicht mal eine funktionierende Heizung, klagt Whittaker. »Das sagt eigentlich schon alles, oder?«, fragt sie, als ich sie im Parkhaus zum Interview treffe.

Whittaker gehört zu den wenigen Kritikerinnen und Kritikern der Branche. Sie führt den Chefs der Techkonzerne ihre Fehler vor. Dabei gehört sie zu den ganz wenigen prominenten Frauen der Branche. Im Jahr 2023 machten von Frauen gegründete Firmen nur 2,1 Prozent aller von Risikokapitalgebern finanzierten Start-ups aus. Das geht aus einer Berechnung des Branchendienstes Pitchbook hervor. Die Technologiebranche in den USA ist vor allem von weißen Männern geprägt. Whittaker hat Sorge, dass der Einsatz von Künstlicher Intelligenz die bestehenden Machtstrukturen festigen wird und damit Frauen oder auch Minderheiten den Zugang zu wichtigen Entscheidungen erschwert.

Whittaker weiß, wovon sie spricht. Dreizehn Jahre arbeitete sie für den Techkonzern Google und kritisierte in dieser Zeit unter anderem die Kooperation des Unternehmens mit dem US-Militär und auch die Benachteiligung von Frauen, Afroamerikanern und Latinos. Anschließend war sie Professorin an der New York University. Heute ist sie Präsidentin der Signal Foundation, die den gleichnamigen verschlüsselten Kurzmitteilungsdienst betreibt. Whistleblower Edward Snowden empfiehlt das Programm als sichere Alternative zu Messengerdiensten wie WhatsApp.

»Die Leistung der KI-Firmen beruht darauf, dass sie den Überwachungskapitalismus ausbeuten«, sagt Whittaker. Unternehmen wie Microsoft, Amazon, der Google-Konzern Alphabet oder der Facebook-Konzern Meta sammelten gigantische Mengen an Daten. Modelle wie GPT-4 seien mit nahezu allen im Internet verfügbaren Daten trainiert worden – ohne Rücksicht auf Datenschutz oder Urheberrechte.

Ökonomin Shoshana Zuboff von der Harvard University gilt als Urheberin der Theorie des Überwachungskapitalismus. Für sie haben vor allem Konzerne wie Google eine neue Form des Kapitalismus entwickelt. Er beruht darauf, dass Unternehmen Profit aus der Überwachung unseres Verhaltens ziehen können. Persönliche Daten sind demnach ein Rohstoff, den die Techkonzerne sammeln und unter anderem für Werbezwecke zu Geld machen. In ihrem richtungsweisenden Buch *Das Zeitalter des Überwachungskapitalismus* entwickelt sie eine neue Theorie des Kapitalismus in einer Zeit mächtiger Digitalkonzerne. Für Zuboff greift unser allgemeines Verständnis dieser Unternehmen zu kurz. Es gibt den bekannten Spruch »Wenn du nicht für ein Produkt zahlst, bist du das Produkt«. Zuboff hält diese Aussage für verharmlosend.

Um ihre Theorie zu verstehen, hilft ein Bild: Kunden betreten ein Geschäft, in dem alles kostenlos scheint. Während sie durch die Gänge gehen, wird jeder ihrer Schritte heimlich beobachtet und analysiert. Daraus werden Vorhersagen getroffen, was ein einzelner Kunde als Nächstes machen wird. Diese Prognosen werden dann verkauft. Zuboff argumentiert, dass wir in der digitalen Welt nicht einfach nur das Produkt sind, das verkauft wird. Es ist komplizierter und noch entwürdigender: Wir sind das Rohmaterial. Unsere Daten, unser Verhalten, unsere Vorlieben werden eingesammelt und analysiert. Das eigentliche

Produkt sind die Vorhersagen über unser zukünftiges Verhalten. Diese werden den meistbietenden Werbekunden verkauft. Es geht laut Zuboff aber nicht nur darum, uns Werbung zu zeigen. Es geht darum, unser Verhalten und unsere Entscheidungen vorherzusagen und dann gezielt zu beeinflussen. Für Zuboff ist das Modell so mächtig, dass es die Funktionsweise der Demokratie unterlaufen kann.

Für sie ist klar, dass große Technologieunternehmen so viel Macht auf sich vereinen, dass ihre digitalen Werkzeuge genutzt werden können, um die politische Meinungsbildung zu unterlaufen. Sie verweist beispielsweise auf den Skandal rund um das britische Datenanalyseunternehmen Cambridge Analytica. Die Firma sammelte Daten von der Facebook-Nutzerschaft über eine App, die als Persönlichkeitstest getarnt war. Damit stellte die Firma detaillierte Profile von Millionen von Menschen zusammen. Diese Profile wurden schließlich für gezielte politische Werbung genutzt. Cambridge Analytica war nur ein Mittelständler aus Großbritannien, der von einem Whistleblower überführt wurde. Zuboff geht davon aus, dass die Möglichkeiten der Manipulation durch die großen Technologiefirmen wie Meta oder Alphabet noch viel weiter gehen.

Künstliche Intelligenz wird die Macht der Technologiekonzerne weiter steigern, warnt Whittaker bei unserem Gespräch in San Francisco. »Die großen Konzerne haben kein Interesse an Privatsphäre oder Datenschutz«, argumentiert sie. Diese sammelten so viele Informationen, wie sie nur kriegen können. Diese werden dann Trainingsdaten für die nächste, verbesserte Version der jeweiligen KI-Systeme. Gleichzeitig kontrollierten die großen Konzerne den Zugang zu leistungsfähigen Supercomputern in Datenzentren überall auf der Welt. Deshalb hätten Start-ups wie OpenAI früh enge Partnerschaften zu den großen Techkonzernen gesucht. Die größten Rechenzentren in Nordamerika und Europa betreiben Microsoft, Google und Amazon. Sam Altman wählte Microsoft als Partner für OpenAI und trainiert die KI-Modelle des Unternehmens auf deren Servern. Aidan Gomez nutzt die Rechenzentren von Google für sein Start-up Cohere. In China gibt es eine ähnliche Struktur. Die größten Technologieunternehmen des Landes gehören ebenfalls zu den Betreibern der leistungsfähigsten Rechenzentren. Das macht sie zu den entscheidenden Partnern von nahezu allen KI-Firmen im Land. In China sind die dominanten Anbieter nicht Microsoft, Google und Amazon, sondern Baidu, Alibaba und Tencent.

»Die großen Techkonzerne kontrollieren alle entscheidenden Stellen. Und sie werden immer mächtiger«, klagt Whittaker. Es sei richtig, dass zumindest Europa versuche, die Macht der Konzerne mit strengen Vorgaben einzudämmen. Das liege aber vermutlich auch daran, dass Europa keinen einzigen Technologiekonzern habe, der mit Firmen wie Google, Amazon oder Baidu mithalten könne. Europas größter Technologiekonzern SAP spielt nicht in derselben Liga wie die Giganten in den USA und China. Er ist sogar dabei, seine eigenen Serverkapazitäten zurückzufahren. SAP setzt lieber auf enge Partnerschaften mit Firmen wie Microsoft, Google und Amazon.

Mit dem Messengerdienst Signal will Whittaker ein Gegenmodell zu den großen Technologiefirmen bilden. Die Anwendung für Smartphones und Computer funktioniert ähnlich wie WhatsApp. Menschen können sich Texte, Bilder oder Dateien schicken. Sie können sich außerdem per Audio oder Video anrufen. Das alles geschieht verschlüsselt. Hinter Signal steht neben Whittaker unter anderem Brian Acton. Der Techunternehmer hat WhatsApp mitgegründet. Er war jedoch unzufrieden, was Facebook-Chef Mark Zuckerberg nach dem Aufkauf von WhatsApp mit der Plattform machte. Deshalb steckte Acton sein Geld in Signal als datenschutzfreundliches Gegenmodell. Meta ist dabei, WhatsApp auf die Bedürfnisse von Firmenkunden zuzuschneiden. Gegen Geld können diese mit ihrer Kundschaft in

Kontakt treten. Mark Zuckerberg will WhatApp zu einem Profittreiber machen. Signal verfolgt ein grundsätzlich anderes Modell. Profit spielt keine Rolle. Daten werden auch nicht an Drittanbieter verkauft. Die Anwendung finanziert sich vor allem über Spenden.

»Wir sind nur etwas mehr als 40 Leute«, sagt Whittaker. Es sei verrückt, dass so ein kleines Team überhaupt gegen Giganten wie Google mit mehr als 175 000 Beschäftigten bestehen könne. »Das ist harte Arbeit. Aus unserem kleinen Team müssen immer wieder Leute mitten in der Nacht aufstehen, um akute Fehler zu beheben«, erzählt Whittaker. WhatsApp als nur eines von vielen Produkten des Meta-Konzerns habe hingegen Zugriff auf Tausende Ingenieure überall auf der Welt. Signal zeige, dass es Alternativen zur Übermacht der großen Konzerne gebe. Der Einsatz von KI sei aber ein grundsätzliches Problem. »Immer mehr Menschen werden dazu gedrängt, KI-Systeme in intimen Bereichen ihres Lebens zuzulassen. Das ist eine riesige Gefahr für die Privatsphäre«, warnt Whittaker.

Die Risiken und Gefahren, die Zuboff und Whittaker beschreiben, sind keine theoretischen Probleme. Es sind konkrete Beschreibungen von praktischen Bedrohungen. KI eröffnet völlig neue Möglichkeiten, Wahlen zu manipulieren oder die Meinungen von Millionen von Menschen gezielt zu beeinflussen. Falschbotschaften lassen sich millionenfach automatisiert erstellen und an einzelne Menschen anpassen. Es ist das Prinzip, das schon Cambridge Analytica verfolgt hat. Mittels KI lässt es sich aber unbegrenzt ausweiten. Um diese Risiken besser zu verstehen, habe ich einen Termin an der Stanford University ausgemacht.

KI als Werkzeug der Manipulation

Die Sonne strahlt über dem Campus der Hochschule in Palo Alto. Die sandsteinfarbenen Fassaden des Main Quadrangle, des ältesten Gebäudes der Hochschule im Zentrum des Universitätsgeländes, erstrahlen in warmem Licht. Im Seitenflügel hat die Psychologiefakultät ihren Sitz. Das historische Bauwerk mit den dicken Steinmauern und romanischen Bögen gehört zu den besten Forschungseinrichtungen der Welt.

Psychologieprofessor Johannes Eichstaedt läuft über den Campus. Ich versuche, Schritt zu halten. Dabei ärgere ich mich, dass ich keine Sonnencreme eingepackt habe. In San Francisco bin ich im dichten Nebel losgefahren. Rund 50 Kilometer weiter südlich in Palo Alto scheint die Sonne, mal wieder.

Ich wollte Eichstaedt treffen, weil er darauf spezialisiert ist, das Verhältnis von Künstlicher Intelligenz, menschlichem Verhalten und menschlicher Psyche zu analysieren. Dafür ist die Stanford University ein einzigartiger Ort. Hier werden viele der Grundlagentechnologien entwickelt, auf denen KI-Systeme beruhen. Gleichzeitig ist die Hochschule weltweit in vielen psychologischen Forschungsfeldern führend. In Deutschland ist die Fakultät vielen ein Begriff, weil hier das berühmte Stanford-Prison-Experiment durchgeführt wurde. Unter der Leitung von Philip Zimbardo wurden Teilnehmer in zwei Gruppen eingeteilt: Wärter und Gefangene. Das Experiment zeigte auf erschreckende Weise, wie normale Menschen unter bestimmten Bedingungen zu Tätern werden können.

Eichstaedt untersucht, wie Künstliche Intelligenz Menschen schon heute beeinflussen kann. Textroboter wie ChatGPT können nicht nur hochwertige Texte formulieren. In einer Studie, die Eichstaedt zusammen mit Kollegen durchführte, zeigte er, wie weit die Technologie heute schon geht. Für das Experiment ließ Eichstaedt eine große Stichprobe von US-Amerikanern Botschaften zu kontroversen Themen lesen. Dabei ging es um umstrittene Fragen wie eine CO_2-Steuer, bezahlte Elternzeitprogramme und ein Verbot des in den USA vielfach erlaubten Besitzes von halbautomatischen Sturmgewehren. Einen Teil dieser Botschaften hatten Menschen geschrieben, der Rest war KI-generiert. Überraschenderweise waren die von Künstlicher Intelligenz generierten Nachrichten genauso überzeugend wie Botschaften, die von Menschen verfasst wurden. Die Studienteilnehmer empfanden Erstere sogar als sachlicher und logischer. Dabei haben KI-Aussagen eine besondere Eigenschaft: Die Systeme lassen sich nahezu unbegrenzt skalieren. Wenn sie im Experiment schon so gut abschneiden, dann werden sie absehbar ein mächtiges Werkzeug für die gezielte Beeinflussung von Menschen sein.

Die USA wählen im November 2024 ihren Präsidenten. Schon 2016 soll Russland mit Desinformation gezielt in die Präsidentschaftswahl eingegriffen haben. Laut Analysen der US-Bundespolizei FBI soll Russland unter dem Namen Project Lakhta Hunderte Menschen beschäftigt haben, um Falschbotschaften zu verfassen, irreführende Werbung zu schalten oder Hackerangriffe durchzuführen. Künstliche Intelligenz könnte vergleichbare Aktionen in völlig neuem Maßstab möglich machen. Denn eine KI braucht keine Pause und kann nahezu unbegrenzt viele Botschaften verfassen. Sie kann auch automatisch testen, welche Botschaft bei welchem Publikum besonders gut verfängt.

Der Fall könnte ein Vorbote dessen sein, was im November passieren könnte. 2016 sei die erste »Social-Media-Wahl« gewesen, so Forscher Eichstaedt. Die Ermittlungen des FBI zeichneten nach, wie Plattformen wie Facebook für die massenhafte Beeinflussung genutzt wurden. Die Technologieunternehmen hätten daraufhin ein »Immunsystem« gegen diese Art des Missbrauchs entwickelt – mit Algorithmen und Teams, die gezielte Beeinflussung erkennen. Doch ähnlich wie 2016 könnten die Techunternehmen auch im Jahr 2024 überrumpelt und die Präsidentschaftswahl die erste KI-Wahl der Welt werden. »Im Jahr 2024 gibt es wieder eine neue Technologie, auf die die Medienlandschaft und die Technologiekonzerne im Grunde nicht vorbereitet sind«, mahnt Eichstaedt. Genau gegen diese Art der Einflussnahme gebe es noch keine Gegenstrategie. Es sei wahrscheinlich, dass Interessengruppen oder ausländische Geheimdienste wieder versuchten, die Wahl zu kapern – dieses Mal mithilfe von KI. »Wie genau sich dies entfalten wird, ist schwer vorherzusagen«, warnt Eichstadt.

KI-Systeme können auf einzelne Wählende zugeschnittene Texte, Bilder oder Videos generieren, um genau ihrer Situation entsprechende Botschaften zu formulieren. Das wäre vor wenigen Monaten noch undenkbar gewesen. Klassische Wahlplakate könnten verschwinden und durch eine Hyperpersonalisierung ersetzt werden. Wichtig sind dann nicht mehr große Werbetafeln an der Straße, sondern die unzähligen digitalen Bilder, die Wählende auf ihren Smartphones oder Computern erreichen – immer genau auf eine einzelne Person zugeschnitten.

Diese Szenarien sind schon heute allen Beteiligten klar. Öffentlich betonen zwar Unternehmen wie Meta und Alphabet, dass sie alles unternehmen, um die massenhafte Verbreitung von Falschinformationen zu unterbinden. Es gehört aber auch zur Wahrheit, dass beide Konzerne genau in den Abteilungen, die gegen Falschinformationen kämpfen, Personal abgebaut haben.

Eine Schlüsselrolle könnte während der Wahl auch Elon Musk spielen. Er hat die Plattform Twitter gekauft und in X umbenannt. »Der Vogel ist befreit«, schrieb Musk zum Abschluss der Übernahme in Anspielung auf das Twitter-Logo, das einen Vogel darstellte. Er hatte der Plattform mehrfach vorgeworfen, sich von Regeln vermeintlicher politischer Korrektheit fesseln zu lassen. Aber was der reichste Mann der Welt unter mehr Freiheit versteht, lernte die Öffentlichkeit im November 2022, wenige Tage nach dem Aufkauf durch Musk. Es ist die Freiheit, auf einen Schlag einen Großteil der Belegschaft zu entlassen. Und die Freiheit, alles zu sagen, was denkbar ist.

Ein Beispiel seines Freiheitsverständnisses lieferte Musk per Tweet gleich mit. Während er sich in der Twitter-Zentrale in der Innenstadt von San Francisco zum »Chief Twit« ausrief, kämpften nur wenige Kilometer entfernt Ärzte um das Leben des 82 Jahre alten Ehemannes der demokratischen Spitzenpolitikerin Nancy Pelosi. Er lag mit einer Schädelfraktur im Krankenhaus, nachdem ein wohl rechtsradikaler Angreifer ihn in seinem Haus mit einem Hammer niedergeschlagen hatte. Elon Musk hatte schnell eine Meinung zu dem Fall. Und twitterte sie: »Es gibt die kleine Möglichkeit, dass bei der Geschichte mehr dahintersteckt.« Dazu teilte er einen Link zu einem Artikel auf einer für ihre Verschwörungstheorien berüchtigte Webseite. Dort steht mit Verweis auf eine einzige anonyme »Quelle«, die Attacke sei das Resultat von einem Streit Pelosis mit einem schwulen Prostituierten gewesen. Zwar löschte Musk den Tweet wieder. Aber die Botschaft war in der Welt. Der reichste, vielleicht bald einflussreichste Mann der Welt verbreitete hier eher Verschwörungserzählungen als konkrete Angaben der Polizei zur Tat.

Die potenziell gesellschaftszersetzenden Wirkungen von sozialen Medien mögen schon länger bekannt sein. Musk aber hebt nun die Bedrohung auf eine neue Stufe. Bereits in den Tagen nach Musks Übernahme von Twitter überfluteten Hass und Hetze das Netzwerk. Der Gebrauch des »N-Wortes« sei nach der Übernahme um 500 Prozent angestiegen, ermittelte eine Untersuchung der Montclair State University. Im Jahr 2023 lieferte Musk Skandale und Streit um seine Plattform. Konzerne wie Apple, Disney oder Volkswagen wollten ihre Anzeigen nicht länger neben Hassrede, Antisemitismus und Verschwörungstheorien sehen und stellten ihre Werbebudgets ein. Als Musk darauf im Dezember 2023 bei einer Konferenz der *New York Times* angesprochen wurde, polterte der Techpionier, er habe eine klare Botschaft an die Manager der abtrünnigen Werbekunden: »Go fuck yourself.«

Sam Altman versucht mit Blick auf die US-Wahl seinen Irisscanner als einen Teil der Lösung gegen massenhafte Falschinformationen zu positionieren. Wer sich per Orb als Mensch ausweise, solle auch im Digitalzeitalter zeigen können, dass eine Botschaft wirklich von einem Lebewesen und keiner KI verfasst wurde. Doch Altman dringt mit diesem Versprechen schwer durch. Die Plakate für die Orbs von Worldcoin, die in San Francisco aufgehängt worden waren, waren innerhalb weniger Tage an vielen Stellen der Stadt abgerissen. »Orwell hatte recht«, hat jemand in roter Farbe auf einige der Plakate gesprüht. Es ist eine Anspielung auf den dystopischen Zukunftsroman *1984* von George Orwell. Er beschreibt darin eine Gesellschaft, die einer kompletten technologischen Kontrolle durch eine übermächtige Partei unterworfen ist. Viele sehen heute die Orbs von Altman wohl eher als Teil des Problems denn als Teil der Lösung.

Sicherheit im Netz

Die Fähigkeit der KI-Systeme, ein Instrument der Kontrolle zu sein, und die Gefahr, dass die Wahrnehmung der Realität vollkommen verzerrt wird, treibt viele Politiker im Westen um. So hat der britische Premierminister Rishi Sunak im November 2023 erstmals eine globale KI-Konferenz ausgerichtet, bei der es auch um sogenannte Deepfakes ging – also realistisch wirkende Medieninhalte, die durch KI-Technologie erzeugt wurden. Darauf wurde bislang noch keine klare regulatorische und technische Antwort gefunden. US-Präsident Joe Biden hatte wenige Tage zuvor ein Dekret erlassen, das KI-Firmen strengere Regeln auferlegt. Firmen, die KI-Modelle entwickeln, sind dazu angehalten, Sicherheitstests durchzuführen, und müssen deren Ergebnisse vorlegen. Ähnlich wie beim deutschen Netzwerkdurchsetzungsgesetz können also auch demokratische Staaten die großen Technologieunternehmen zur Mithilfe verpflichten.

Das oft als NetzDG abgekürzte Gesetz ist seit dem 1. Oktober 2017 in Kraft. Es ist darauf ausgelegt, Hasskriminalität und andere strafbare Inhalte auf sozialen Netzwerken zu regulieren. Es schreibt Digitalplattformen vor, offensichtlich rechtswidrige Inhalte innerhalb von 24 Stunden nach Eingang einer Beschwerde zu löschen oder zu sperren. Ist nicht klar, ob ein Inhalt rechtswidrig ist, verlängert sich die Frist auf sieben Tage. Bis dahin gab es in Deutschland oft das Problem, dass augenscheinlich strafbare Inhalte, wie beispielsweise der Aufruf zu Gewalt, mitunter monatelang über Digitalplattformen wie Facebook oder Twitter verbreitet wurden und die Plattformen auch auf Beschwerden nicht reagierten. Das wollte der Gesetzgeber mit dem NetzDG ändern. Das deutsche Gesetz soll daher als eine Verlängerung des ohnehin geltenden Rechtsrahmens in den digitalen Raum fungieren: Inhalte, die erlaubt sind, sind es sowohl im direkten Austausch als auch im Internet. Verbotene Aussagen sollen auch online eingegrenzt werden. Bei Verstößen sieht das NetzDG Bußgelder von bis zu 50 Millionen Euro vor.

Plattformbetreiber wie der Facebook-Konzern Meta setzen schon heute Algorithmen ein, um strafbare Inhalte zu erkennen. Gewaltaufrufe, Hassrede oder andere verbotene Inhalte sollen möglichst gestoppt werden, bevor jemand sie sieht. Kein Mensch könnte alle Inhalte überwachen. Was online bleibt und was gelöscht wird, machen die Technologiekonzerne auch vom Land der Verbreitung abhängig. Es stimmt aber auch, dass die jeweiligen Gesetze Interpretationsspielraum zulassen. Letztlich interpretiert ein Konzern wie Meta selbst, wo genau die roten Linien auf seiner Plattform sind. Wer einen Post auf Facebook entgegen der Einschätzung von Meta für rechtswidrig hält, kann vor Gericht ziehen – wenn ihm dieser Weg in seinem Land offensteht.

Europa will die Risiken mit dem AI Act als neuem Gesetzesrahmen eindämmen – dazu mehr in Teil 4. Unternehmen wie Adobe meinen eine technische Lösung für manipulierte Bilder gefunden zu haben. Adobe-Manager Andy Parsons sagt: »Wir können Bildmanipulationen transparent machen.« Er leitet die Content Authenticity Initiative beim Technologiekonzern Adobe. Die Firma steht hinter Programmen wie Photoshop. Sie kennt sich also bestens mit der Manipulation von Bildern aus. Sein Team hat im Jahr 2019 einen Industriestandard entwickelt, an dem sich ablesen lässt, ob ein Bild bearbeitet wurde.

»Wir erleben ein ständiges Katz-und-Maus-Spiel«, sagt Parsons. Es werde immer schwerer, manipulierte Bilder zu erkennen. Mehr als 1000 Firmen und Organisationen haben sich dem Adobe-Standard angeschlossen. Viele wichtige Namen fehlen jedoch. Der Google-Konzern Alphabet stellte kürzlich eine eigene Technologie vor, um KI-Bilder erkennbar zu machen. Parsons räumte ein: »Es ist nicht leicht, alle Beteiligten von einem Konzept zu überzeugen.« Die Herausforderungen seien gewaltig. Aber vielleicht schaffe das den entscheidenden Impuls für ein gemeinsames Vorgehen der Branche.

Auf einen Blick

Hauptthema: Künstliche Intelligenz kann Texte wie Menschen erstellen, Bilder wie Fotos erschaffen oder Stimmen von Menschen exakt nachahmen. Damit lassen sich Original und Fälschung heute kaum noch unterscheiden. Künstliche Intelligenz kann die Verbreitung von Falschinformationen massiv ausweiten und beschleunigen.

Warum das wichtig ist: Die Risiken der Technik stellen die Basis für unser Leben im digitalen Zeitalter infrage. Niemand kann sich mehr sicher sein, dass er es mit einem Menschen und nicht mit einer Maschine zu tun hat. Technologievordenkerinnen wie Meredith Whittaker oder Harvard-Professorin Shoshana Zuboff sehen darin eine Gefährdung der Demokratie.

Hintergrund: OpenAI-CEO Sam Altman will eine technologische Lösung für das Problem liefern. Mit Worldcoin hat er zusammen mit dem deutschen Physiker Alexander Blania ein Projekt gestartet, bei dem sich alle Menschen der Welt die Iris scannen lassen sollen, um sich damit in der digitalen Welt als echte Menschen auszuweisen. So soll auch im Internet ein Austausch möglich sein und Falschinformationen eingedämmt werden.

Ausblick: Im Jahr 2024 stehen weltweit viele Wahlen an. Die USA stimmen über ihren künftigen Präsidenten ab. Das Risiko für Missbrauch und Desinformationen mittels Künstlicher Intelligenz ist gewaltig. Wirksame Mittel dagegen fehlen bislang. Es ist auch noch völlig unklar, ob Worldcoin in dieser Situation eher eine Hilfe oder ein neues Risiko darstellt.

Staatliche Überwachung: KI in der Hand von autoritären Regimen

Bäume mit saftig grünen Blättern bedecken die Ausläufer des Nishan-Berges in der Nähe der Stadt Qufu in China. Die weltgrößte Bronzestatue des Philosophen Konfuzius thront über dem Gelände. 72 Meter streckt sich die Ehrfurcht gebietende Figur in die Höhe. Zu Füßen der Statue befindet sich ein riesiges Konferenzzentrum mit einer Fassade aus grauem Beton. Die Dächer sind mehrschichtig und mit kunstvollen, gewölbten Kanten versehen, die in spitze Giebel münden. Sie sind mit dunkel glasierten Ziegeln gedeckt. Der Stil erinnert an den Kaiserpalast in Peking. Vor dem Gebäudekomplex wehen blaue Flaggen im Wind.

Die Szenen sind im Juni 2023 im chinesischen Staatsfernsehen CCTV zu sehen: Ranghohe chinesische Regierungsbeamte und Firmenvertreter fahren in schwarzen Limousinen vor. Sie sind hier, um über die Zukunft der Künstlichen Intelligenz in China zu sprechen. Die Regierung will die Entwicklung von KI stärker unter staatliche Kontrolle bringen.

Für autoritäre Regime wie China ist die Weiterentwicklung Künstlicher Intelligenz Chance und Risiko zugleich. Einerseits bietet die Technologie viele Möglichkeiten, die Wirtschaft voranzubringen. Die Leistungssprünge von KI-Systemen können die wirtschaftliche Aufholjagd der zweitgrößten Volkswirtschaft der Welt beschleunigen. Gleichzeitig kann das Regime mit völlig neuen Methoden Zensur durchsetzen, Propaganda verbreiten und die Bürger noch stärker überwachen. Andererseits sind moderne generative KI-Systeme derzeit schwierig zu kontrollieren, was autoritäre Systeme vor ganz besondere Herausforderungen stellt.

China ist beim Thema Künstliche Intelligenz längst eine Weltmacht. In wissenschaftlichen Kreisen gilt die chinesische

Forschung der aus den USA als ebenbürtig. Die Stanford University gibt jedes Jahr einen KI-Report heraus. Darin schneidet China seit Jahren hervorragend ab. Bei der Anzahl der wissenschaftlichen Publikationen sowie bei der Zahl der Zitationen liegt China weltweit an der Spitze, vor den USA. Professorin Caroline Wagner von der Ohio State University hat zudem die Qualität der Publikationen untersucht. Auch dabei ist China nach ihrer Analyse meist Weltspitze. In keinem anderen Land gibt es demnach so viele Forschende wie in China, die es mit ihren Veröffentlichungen in die renommiertesten wissenschaftlichen Zeitschriften der Welt schaffen. Auch die japanische Zeitung *Nikkei* kam in einer Analyse von KI-Forschungspapieren zu dem Schluss, dass China bei Quantität und Qualität an den USA vorbeigezogen ist.

Mit der neuen Welle der KI-Entwicklung hat Peking jedoch ein Problem: Generative KI-Systeme lassen sich nur schwer kontrollieren, weil sie mit einem riesigen Fundus an Informationen und Quellen trainiert wurden. Wie ein erfahrener Geschichtslehrer können sie etwa historische Vorgänge beschreiben, ohne dass sie sich dafür auf einen bestimmten Artikel stützen müssen.

Für die Kommunistische Partei Chinas ist das ein Problem. Sie will die volle Kontrolle haben. Das Internet in China wird streng überwacht. Kritik an Staats- und Parteichef Xi Jinping ist tabu. Offene Diskussionen sind nicht erwünscht. Peking hat internationale Technologiefirmen wie die Google-Muttergesellschaft Alphabet oder den Facebook-Konzern Meta aus dem Land ausgeschlossen. Auch viele KI-Werkzeuge wie ChatGPT sind gesperrt. Chinesische Digitalkonzerne müssen eine strenge Zensur umsetzen. Das lässt sich bei klassischen Computerprogrammen einfacher zusichern, denn sie folgen klaren Regeln. Bei KI-Systemen ist das deutlich schwieriger. Sie zeichnen sich gerade dadurch aus, dass sie je nach Befehl unterschiedliche Ergebnisse liefern. Selbst mit der gleichen Eingabe ist ein und dieselbe Ausgabe meist nicht zu replizieren.

Doch Peking will die Kontrolle unbedingt. Einen wichtigen Anstoß soll das Treffen in Nishan liefern. Zu der Konferenz hat die Staatsführung im Juni 2023 unter dem sperrigen Titel »World Internet Conference Nishan Dialogue on Digital Civilization« geladen. Der Ort ist bewusst gewählt. Nishan gilt als Geburtsort von Konfuzius. Der Philosoph, der im fünften Jahrhundert vor Christus lebte, hat mit seinen Ideen das Leben in China nachhaltig geprägt. Seine Lehren wurden als Konfuzianismus bekannt und sind zum zentralen Bestandteil der chinesischen Kultur geworden. Sie haben Generationen von Gelehrten, Beamten und gewöhnlichen Menschen beeinflusst. Zwar hat der Staatsgründer der Volksrepublik China, Mao Zedong, Konfuzius und seine Lehren weitgehend abgelehnt. Doch der amtierende Staats- und Parteichef Xi Jinping hat ihn zur Leitfigur seiner Regierungsideologie gemacht. Er zitiert Konzepte von Konfuzius als Grundlage für traditionelle und kulturelle Werte Chinas. Xi greift oft auf den Philosophen zurück, um seinen Plan eines »chinesischen Traums« zu unterstreichen. Sein Ziel ist Chinas Rückkehr zur Größe vergangener Dynastien. Dabei stellt er insbesondere die Idee einer »harmonischen Gesellschaft« heraus, der sich das Individuum unterordnet.

Wie generative KI kontrollierbar werden soll

Bei der Konferenz in Nishan überträgt Chinas oberster Internetzensor, Zhuang Rongwen, diese Ideen auf Künstliche Intelligenz. Der Direktor der Cyberadministration, der mächtigsten Behörde des Landes, überwacht die Digitalwirtschaft. Als Zhuang an das weiße Rednerpult tritt, sagt er in die vier riesigen Mikrofone: »Wir müssen sicherstellen, dass KI verlässlich und kontrollierbar ist.« Vor allem große Sprachmodelle seien eine

Herausforderung, sagt er. Was das in der Praxis heißt, stellt Zhuang auch vor: Peking prüft KI-Algorithmen. Nichts soll der Öffentlichkeit zugänglich gemacht werden, ohne vorher ausgiebig von der Staatsführung getestet worden zu sein.

Schon im März 2022 ist in China ein Gesetz in Kraft getreten, das Algorithmen kontrolliert. Die Regeln sollen unter anderem den Verbraucherinnen und Verbrauchern mehr Transparenz geben, wenn ihnen per KI generierte Angebote gemacht werden. Sie weiten gleichzeitig den staatlichen Zugriff aus. In dem ersten Artikel des Gesetzes wird den Anbietern auferlegt, dass ihre Systeme »die sozialistische Grundwertvorstellung weiterführen, die nationale Sicherheit und das soziale und öffentliche Interesse schützen«. Betreiber müssen einen »ethischen Kodex« befolgen. In diesem legt die Kommunistische Partei unter anderem fest, dass die Algorithmen »aktiv positive Energie verbreiten« und »Mainstreamwerte fördern« sollen.

Diese weitgefassten Formulierungen sind typisch für China. Der Staat gibt Regeln vor und überträgt dessen Umsetzung an die Firmen im Land. Dadurch kann Peking immer wieder neu bestimmen, wie streng einzelne Vorgaben ausgelegt werden. Die Internetzensur in China ist genauso aufgebaut. Peking gibt grobe Regeln vor und gibt Zensuranordnungen aus. Wie diese angewandt werden, müssen die Unternehmen entscheiden. Dadurch findet eine Privatisierung der staatlichen Überwachung statt. Die Betreiber von sozialen Netzwerken in China löschen lieber ein paar Botschaften zu viel, anstatt zu riskieren, von Peking mit Strafen überzogen zu werden. Ähnlich könnte es auch im Bereich der Künstlichen Intelligenz laufen.

Seitdem hat Peking etliche weitere Gesetze nachgelegt. Sie alle weiten den Zugriff von Behörden aus und festigen den inhaltlichen Zugriff der Kommunistischen Partei. Künstliche Intelligenz ist erwünscht, solange sie den Zielen der Partei dient.

Die chinesische Digitalwirtschaft wird von drei Konzernen und ihren Gründern dominiert. Das sind der Onlinehändler Alibaba von Gründer Jack Ma, der Suchmaschinenbetreiber Baidu von Gründer Robin Li und der Betreiber des sozialen Netzwerks Tencent Pony Ma. Über viele Jahre haben sie versucht, einen Mittelweg zu finden. Sie setzten sich gegen zu starke Internetzensur und für weniger staatliche Zugriffe ein, versicherten dabei aber der Partei und dem Staatsapparat stets ihre Loyalität. Jack Ma drängte besonders lautstark auf eine größtmögliche Öffnung. Dann kam die Antwort aus Peking: Im November 2020 wurde der Börsengang der Finanztochter von Alibaba kurzfristig untersagt. Dann folgten Untersuchungen und Strafen gegen nahezu alle großen Technologiefirmen. Mal ging es um nicht ausreichend erfüllte Zensurvorgaben, mal um den vermeintlichen Missbrauch von Marktmacht, mal um die fehlende Einhaltung von Datenschutzregeln. Die Konzerne wurden strengen Kontrollen unterworfen. Jack Ma trat als Firmenchef zurück und lebt derzeit in Japan. Die beiden anderen CEOs haben sich mit der Staatsführung weitgehend arrangiert.

Bei der Konferenz in Nishan tritt Baidu-Chef Robin Li als Keynote-Speaker an das Rednerpult. In seiner Rede ordnet er sich sofort den Zielen der Regierung unter. Baidu sei sich seiner wichtigen Rolle bewusst. »Wenn wir die Entwicklungen von KI verantwortungsvoll und sicher nutzen, werden sie die digitale Wirtschaft fundamental verändern«, sagt Li. »KI kann einen wirtschaftlichen Boom in China auslösen.« Baidu will die chinesische Antwort auf den Erfolg von ChatGPT von OpenAI geben. Die eigenen Sprachmodelle nennt das Unternehmen Ernie. Die Modelle seien mittlerweile in vielen Bereichen besser als die leistungsstärksten Modelle von OpenAI, behauptet Li.

Der Baidu-Gründer ist einer der wenigen Spitzenmanager der chinesischen Technologielandschaft, der auch die USA gut kennt. Nach seinem Bachelorabschluss von der Universität Peking wechselte er an die University at Buffalo im US-Bundesstaat New York und studierte dort Informatik. Anschließend arbeitete er für verschiedene US-Firmen daran, Internetsuchmaschinen besser zu machen. Später sagte Li, er sei der erste Erfinder der Technologie hinter modernen Suchmaschinen. Unter dem Namen Link Analysis stellte er eine Technik vor, die Webseiten danach beurteilte, wie viele Links auf sie verweisen. Das war 1996. Zwei Jahre später patentierte Google eine ganz ähnliche Technologie.

Li nahm seine eigene Technologie, um damit im Jahr 2000 in Peking Baidu als Suchmaschinenbetreiber für den chinesischen Markt zu gründen. Heute ist Baidu einer der mächtigsten Digitalkonzerne der Welt. Wie für Google spielt auch für Lis Unternehmen Künstliche Intelligenz eine Schlüsselrolle. Während aber Google-Chef Sundar Pichai große Distanz zur Politik in Washington hält, ist Robin Li eng mit der Staatsführung in Peking verbandelt. Pünktlich zur KI-Konferenz in Nishan bekam Li von der Regierung auch einen offiziellen Titel für seine Aufgabe. Er ist nun Leiter der von Peking initiierten National Artificial Intelligence Standardization Group. Li ist damit nicht nur Ziel der Regulierung durch Peking. Er wirkt daran auch aktiv mit.

Die von der Regierung vorgegebenen Regeln haben in der Praxis große Auswirkungen. Wer einen US-amerikanischen Textroboter wie ChatGPT fragt, was am 4. Juni 1989 in Peking passiert ist, erhält eine Zusammenfassung der blutigen Niederschlagung der Demokratiebewegung am Tian'anmen-Platz. Wer Ende 2023 die gleiche Frage an Ernie von Baidu stellt, erhält die Antwort, das System verfüge nicht über »genügend relevante Informationen«, um die Frage zu beantworten.

Peking beschränkt sich aber nicht darauf, unerwünschte Themen zu sperren. Der Staatsapparat will KI-Systeme einspannen, um ihre Darstellung von Themen und Ereignissen aktiv zu verbreiten. Die KI-Regeln schreiben unter anderem vor, dass

Trainingsdaten »Wahrheit, Genauigkeit, Objektivität und Vielfalt« garantieren müssen. Das klingt erst einmal logisch und sinnvoll. In der Praxis bedeutet es aber, dass viele Systeme auf Basis von Propagandatexten trainiert werden. Eddie Yang und Margaret E. Roberts von der University of California in San Diego untersuchten für eine Studie, wie sich das auswirkt.

Dazu trainierten sie ein KI-Modell auf Basis der Texte von Baidus Onlineenzyklopädie und verglichen es mit einem Modell, das mit Texten von Wikipedia angelernt wurde. Die Baidu-Enzyklopädie ist den strengen chinesischen Zensurvorschriften unterworfen. Anschließend analysierten die Forscher KI-generierte Überschriften. Dabei kam heraus, dass Worte wie »Freiheit« oder »Demokratie« von dem auf den Baidu-Daten basierenden System mehrheitlich in einen negativen Kontext gestellt werden. KI-generierte Texte stellen Freiheit und Demokratie in China also tendenziell als etwas Schlechtes dar.

Künstliche Intelligenz als Werkzeug der Repression

Im Westen ist es vor allem der Umgang Chinas mit Menschenrechten, der Experten Sorgen im Hinblick auf den Fortschritt bei KI-Systemen macht. Schon heute überwacht Peking seine eigenen Bürger im In- und Ausland. Das trifft besonders die muslimische Minderheit der Uiguren ganz im Westen des Landes.

In dem Xinjiang genannten Landesteil hat Peking die Überwachung massiv ausgeweitet. Es gibt Millionen von Kameras. Gesichter und Stimmen werden gescannt. Menschen werden an Polizeikontrollpunkten überprüft. Die Menschenrechtsorganisation Human Rights Watch geht davon aus, dass mehr als 1,3 Millionen Uiguren zwischenzeitlich in Internierungslagern eingesperrt waren. In einem Menschenrechtsbericht warfen die Vereinten Nationen China vor, für »schwerwiegende Menschenrechtsverletzungen« gegen Uiguren verantwortlich zu sein.

Im Fazit des Berichtes heißt es, dass »Anschuldigungen über Foltermuster oder Misshandlungen, einschließlich erzwungener medizinischer Behandlung und schlechter Haftbedingungen, glaubwürdig sind, ebenso wie Anschuldigungen über einzelne Vorfälle von sexueller und geschlechtsspezifischer Gewalt«. Etliche chinesische Technologiefirmen sollen an der massenhaften Überwachung der Uiguren beteiligt sein. Dazu zählt laut Human Rights Watch auch Baidu. Das Unternehmen bestreitet die Darstellung.

Künstliche Intelligenz könnte die Überwachung auf eine neue Stufe heben. Schon heute werden Bilder von Überwachungskameras oder Mitschnitte von Telefongesprächen im großen Stil ausgewertet. KI dürfte die Fähigkeiten der Sicherheitsbehörden drastisch ausweiten. Zudem sollen KI-Systeme dazu eingesetzt werden, Personen genauer zu verfolgen – beispielsweise eine Person mit Gesichtsmaske trotz verdeckten Mundes und verdeckter Nase erkennen zu können und in Echtzeit den aktuellen Standort einer Person ausfindig zu machen. Zu den Anbietern solcher Systeme soll laut einer Recherche der Nachrichtenagentur *Reuters* neben zahlreichen anderen chinesischen Technologiefirmen auch Baidu zählen. Baidu ließ eine Anfrage dazu unbeantwortet.

Noch nie war Zensur so leicht umzusetzen wie heute

Es wäre falsch, beim Thema Unterdrückung und Zensur nur auf China zu zeigen. Peking hat zwar besonders viele Ressourcen, um den Raum für offene Diskussionen immer weiter einzuschränken. Es gibt aber viele Länder auf der Welt, die die Verbreitung unerwünschter Informationen im Internet unterdrücken und erwünschte Nachrichten gezielt fördern. Mit der Weiterentwicklung Künstlicher Intelligenz haben sie dazu mächtigere Mittel als je zuvor.

Die Organisation Freedom House misst seit 1973, wie es in verschiedenen Ländern um die Meinungsfreiheit bestellt ist. Dabei schaut sie sich unter anderem an, ob Medien frei berichten dürfen oder ob sie bei Kritik an der Regierung Konsequenzen fürchten müssen. Seit 2009 untersucht die in Washington ansässige gemeinnützige Organisation auch den Grad der Freiheit im Internet. Noch nie waren die Werte so schlecht wie in dem für das Jahr 2023 vorgestellten Bericht. »Die Freiheit im Internet ist auf einem historischen Tiefpunkt angelangt, und die Fortschritte in der Künstlichen Intelligenz verschärfen diese Krise sogar noch«, sagt Allie Funk von Freedom House, als sie die Auswertung im Oktober 2023 vorstellt.

China war Vorreiter beim Einsatz von Algorithmen und Künstlicher Intelligenz für Zensur. Aber viele Staaten sind nachgezogen. Freedom House zählt weltweit 22 Länder, die Internetfirmen automatisierte Systeme zum Zensieren von Inhalten vorschreiben. Dazu zählen Staaten wie Vietnam oder Nigeria. Freedom House schreibt, dass Vietnam unter anderem den Facebook-Konzern Meta gezwungen haben soll, negative Berichte über bestimmte Mitglieder der Kommunistischen Partei zu entfernen. Das Ministerium für öffentliche Sicherheit hat zudem seit August 2022 die Macht, Digitalplattformen zu sperren, wenn diese »toxische« Inhalte nicht schnell genug löschen. Nigeria ging mit neuen Zensurvorgaben gegen Onlineplattformen vor, nachdem auf dem Kurzmitteilungsdienst Twitter, der heute X heißt, Aussagen des damaligen Präsidenten Muhammadu Buhari kursierten, in denen er zu Gewalt gegen seine politischen Gegner aufrief. Buhari ließ daraufhin zunächst Twitter für sieben Monate sperren. Heute schreibt das Land automatisiertes Zensieren vor.

Zensurapparate können die vielen Einträge im Internet nicht händisch kontrollieren. Sie setzen Algorithmen ein. Dazu legten sie in der Vergangenheit einzelne Begriffe fest, die automatisch blockiert werden sollten. Allerdings ließen sich diese Zensursysteme leicht austricksen. In China beispielsweise nutzten Menschen im Internet Synonyme, um sich über die politische Führung zu unterhalten. Statt Präsident Xi Jinping beim Namen zu nennen, sprachen sie dann von der Comicfigur Winnie the Pooh. Zensoren mussten daraufhin auch alle Schreibweisen der Comicfigur sperren.

Moderne KI-Systeme sind deutlich besser darin, Sprache zu analysieren. Sie können einen Kontext erkennen und damit ein Thema blockieren, auch wenn der gesuchte Schlüsselbegriff gar nicht vorkommt. Sie können zum Beispiel aus dem Zusammenhang erkennen, dass mutmaßlich über den chinesischen Präsidenten gesprochen wird. Das lässt sich dazu einsetzen, gezielt Informationen zu filtern. Die Staatsführung in Peking könnte KI-Werkzeuge aber noch viel weitreichender einsetzen, warnt Simeon Gilding vom australischen Think-Tank Australian Strategic Policy Institute. Peking werde es nicht nur darum gehen, den Informationsfluss innerhalb des Landes zu kontrollieren. Textroboter könnten auch international gezielt eingesetzt werden, um Meinungen zu beeinflussen. Freedom House spricht von KI als Superverstärker für Desinformationen. Die Organisation dokumentierte Fälle, in denen Regierungskritiker online diffamiert wurden oder gezielt Regierungspropaganda verbreitet wurde.

Diese Aufgaben übernehmen nicht nur Staaten selbst, sondern sie engagieren dafür auch Privatunternehmen. Der Facebook-Konzern Meta vermutete beispielsweise, dass hinter einer Desinformationskampagne in Angola nicht direkt die Regierung stand, sondern das Unternehmen Mind Force aus Israel. Ein der Firma zugerechnetes Netzwerk von Accounts soll systematisch positive Informationen über die Regierung von Angola gestreut haben. Die Firma habe massenhaft gefälschte Accounts erstellt und dafür unter anderem KI-generierte Profilbilder genutzt. »Einige dieser Konten gaben sich als unabhängige lokale Journalisten aus«, teilte Meta mit.

Ähnliche Fälle gezielter Einflussnahme sind aus Nigeria, Kenia und Pakistan bekannt. Auch in Deutschland wurden KI-Bilder für politische Zwecke genutzt. »Nein zu noch mehr Flüchtlingen«, lautete der Schriftzug auf einem Instagram-Post des Vizechefs der AfD-Bundestagsfraktion Norbert Kleinwächter im Frühjahr 2023. Auf einem Bild sind brüllende Männer mit zu Fratzen entstellten Gesichtern erkennbar. Aber was wie ein Foto wirkt, ist mit KI kreiert worden. Das entmenschlichende Bild ist also gezielt vom Algorithmus erschaffen worden. Kleinwächter verteidigte das Vorgehen als Mittel zur Illustration einer politischen Meinung.

Künstliche Intelligenz kann nicht nur wissenschaftliche Forschung beschleunigen und die Lehre an Schulen und Universitäten besser machen, die Technik ist ein mächtiges Werkzeug zur Überwachung und Manipulation von Hunderttausenden Menschen. Die Beispiele aus Ländern wie China oder Nigeria zeigen, was schon heute möglich ist. Dabei sind das nicht Einzelfälle, die weit von uns weg sind. Der Einsatz von KI-Bildern in der deutschen Politik dürfte erst der Anfang sein.

Auf einen Blick

Hauptthema: Künstliche Intelligenz weitet die Möglichkeiten der Überwachung durch Staaten und Firmen massiv aus. In China werden Firmen im Land zu einer engen Kooperation mit dem Staat verpflichtet und verfolgen dabei Ziele der Kommunistischen Partei.

Warum das wichtig ist: Die Strategien und Praktiken Chinas im Umgang mit KI könnten als Modell für andere autoritäre Staaten dienen und globale Standards für den Einsatz von KI beeinflussen.

Hintergrund: Peking ist Pionier im Einsatz der Technik nicht nur zur Überwachung und Repression der muslimischen Minderheit der Uiguren. China geht zudem neue Wege, KI für Propaganda und Desinformation einzusetzen.

Ausblick: Neben China experimentieren eine Reihe weiterer Staaten mit dem gezielten Einsatz von KI für Überwachung und Kontrolle. Die US-amerikanische Organisation Freedom House, die seit 1973 misst, wie es weltweit um die Meinungsfreiheit bestellt ist, sagt, dass es um sie im Internet noch nie so schlecht stand wie im Jahr 2023. Dabei steht der Einsatz von KI zur Unterdrückung von ungewollten Meinungen noch ganz am Anfang.

Teil 4:

Die Lehren

Wie wir die Risiken eindämmen und die Chancen nutzen können

Es ist heiß an diesem Junitag, als sich eine Gruppe von Technologiejournalisten in Metas Forschungszentrum FAIR in Paris versammelt. Yann LeCun, einer der wichtigsten KI-Forscher in Europa, steht im kurzärmeligen weißen Hemd auf der kleinen Bühne und poltert gegen alles, was andere Technologiekonzerne und Start-ups in den vergangenen Monaten als revolutionär verkauft haben. »Maschinelles Lernen ist Mist«, sagt der 63-Jährige.

Yann LeCun war in seiner langen Karriere als KI-Forscher meistens eine Art Außenseiter. Das war schon zwischen den 1980er und 2010er Jahren so. Damals war die vorherrschende Meinung unter den KI-Wissenschaftlern, dass intelligente Maschinen nach den von Menschen festgelegten Regeln entscheiden müssten. Yann LeCun und ein paar wenige Mitstreiter sahen das anders. Mit ihren Forschungen an künstlichen neuronalen Netzen schufen sie die Grundlage für viele der Technologien, die heute für den Hype um KI verantwortlich sind. Umso interessanter ist, dass Yann LeCun inmitten dieses KI-Hypes erneut andere Überzeugungen als der Mainstream vertritt – ob es um die Methoden zum Trainieren von KI, die Art und Weise, mit Forschungsergebnissen umzugehen, oder die möglichen Risiken der Technologie geht.

Oft werden künstliche neuronale Netze mit der Funktionsweise des Gehirns verglichen. Es heißt dann, diese Netze lernten auf ähnliche Weise wie ein Kind. Yann LeCun macht klar, dass das seiner Meinung nach ein Irrtum ist. Seine Kritik an heutigen KI-Systemen bezieht sich darauf, dass sie die Intelligenz von Menschen eben nicht erreichen – nicht einmal die von Tieren.

»Autoregressive Sprachmodelle nerven!«, steht auf einer der Folien, die LeCun an die Wand wirft. Wir ließen uns von der

Wortgewandtheit der derzeit dominierenden Modelle leicht täuschen, sagt LeCun. »Aber sie wissen nicht, wie die Welt funktioniert.« Sie würden bloß auf Basis ihrer Trainingsdaten vorhersagen, welches Wort auf eine bestimmte Reihe von Wörtern mit der größten Wahrscheinlichkeit als Nächstes folgt. Anders als Menschen und Tiere würden diese KI-Modelle aber weder denken noch planen. Die große Herausforderung sei nun, Systeme mit einem echten Verständnis der Welt zu entwickeln, die wirklich schlussfolgern und komplexe Handlungsabläufe planen können. »Wir brauchen Maschinen, die lernen, wie die Welt funktioniert.«

Metas Chefwissenschaftler ist überzeugt, dass diese Form von Maschinenintelligenz nicht auf Basis heutiger KI-Modelle erreicht werden kann. Yann LeCun präsentiert an diesem Tag ein KI-Modell mit dem Namen I-Jepa, das so etwas wie gesunden Menschenverstand mitbringen soll. Das Modell, das Meta zusammen mit mehreren Forschungseinrichtungen entwickelt hat, erkennt Objekte auf Bildern und kann vorhersagen, wie verdeckte Details des Bildes aussehen könnten. Dabei analysiert das Modell nicht Pixel für Pixel, sondern greift auf eine Art inneres Bild zurück, das es von dem Objekt hat. So erkennt das Modell etwa, dass auf dem Bild eines heulenden Wolfes unter dem Brustkorb zwei Beine sein müssten.

Was der Wissenschaftler da aufzeigt, soll die nächste Generation von KI werden: Systeme, die sich des Kontextes und der Konsequenzen ihres eigenen Handelns bewusst sind und dieses Wissen in ihre Entscheidungen einbeziehen. Welcher Weg dorthin führt und wie lang er sein wird, ist aber noch unklar.

Viele gruselt die Vorstellung, dass die Fähigkeiten von KI denen von Menschen immer ähnlicher werden sollen. Die Frage, wie Künstliche Intelligenz sich weiterentwickelt, welche mächtigen Fähigkeiten künftige KI-Systeme haben könnten und was das schließlich für die Menschheit bedeuten könnte, treibt

Menschen auf der ganzen Welt um. Dazu haben nicht nur die Warnungen führender KI-Experten beigetragen, nach denen weltweit Maßnahmen ergriffen werden müssten, um eine »Vernichtung durch KI« zu verhindern.

Es gibt viele Gründe, am Ausmaß dieser Risiken zu zweifeln – zumindest was die absehbare Zukunft betrifft. Wir dürfen nicht vergessen, dass Techunternehmer um Sam Altman von OpenAI, Demis Hassabis von Google DeepMind und den Chef der KI-Firma Anthropic, Dario Amodei, ein Interesse daran haben, ihre Technologien als übermächtig darzustellen. Denn umso dringender und wichtiger wird es potenziellen Investoren erscheinen, Anteile an ihren Firmen zu kaufen. Selbst entlarvt hat sich bei dieser Strategie der Tesla-Chef Elon Musk, der noch im Frühjahr 2023 einen sechsmonatigen Forschungsstopp für KI gefordert hatte, während er wohl bereits heimlich die Gründung einer eigenen KI-Firma plante. Und viel spricht auch dafür, dass die Techelite versucht, mit diesen Erzählungen die Aufmerksamkeit der Politik von aktuellen und konkreten Gefahren auf abstrakte Zukunftsrisiken zu lenken und damit die Regulierungsvorhaben entsprechend zu beeinflussen. Nicht zuletzt wollen die KI-Unternehmen sich selbst als diejenigen hervorheben, die die Risiken am besten einschätzen und abwenden können. Statt gesetzlicher Regeln schlagen sie Selbstverpflichtungen vor.

Denn mit großen Techunternehmen ist es immer das Gleiche: Öffentlich begrüßen sie Regulierungen. Aber es sollen bitte die Regeln sein, die sie selbst vorschlagen. OpenAI-Chef Altman nutzte dafür auch seine Weltreise 2023 und die vielen Treffen mit Staats- und Regierungschefs. Und vielleicht wäre er damit in Europa sogar durchgekommen, wenn er der Welt nicht selbst im November vorgeführt hätte, wie naiv Vertrauen auf Selbstregulierung ist. Als eines der führenden KI-Unternehmen weltweit hatte sich OpenAI eigentlich dazu verpflichtet, das Gemeinwohl über kommerzielle Interessen zu stellen. Demnach sollte der mächtige Verwaltungsrat an erster Stelle dafür Sorge tragen, dass Künstliche Intelligenz zum Nutzen der Menschheit weiterentwickelt wird. Mit diesem Mandat ausgestattet, entließ das Gremium Sam Altman im November 2023, weil es dem CEO nicht mehr vertraute. Er sei in seiner Kommunikation »nicht durchgehend offen« gewesen, hieß es in der Begründung. Wie wir bereits in Teil 1 beschrieben haben, intervenierte Microsoft als wichtigster Geldgeber. Mit Unterstützung von Microsoft-Chef Nadella und anderen wichtigen Investoren gelang es Sam Altman innerhalb von nur fünf Tagen, an die Spitze des Unternehmens zurückzukehren. Der Verwaltungsrat wurde neu besetzt. Die Strukturen, die die Mächtigen innerhalb von OpenAI kontrollieren sollten, waren ausgehebelt worden. Beeindruckender hätte die Firma der Welt nicht vorführen können, dass auf Selbstverpflichtungen kein Verlass ist.

Für politische Institutionen weltweit ist es eine Herausforderung, auf die rasante KI-Entwicklung zu reagieren und mit Risiken umzugehen, die heute noch unser Vorstellungsvermögen übersteigen. Die Europäische Union hat dennoch bereits Ende 2023 die weltweit erste umfassende KI-Verordnung auf den Weg gebracht. Es ist der nächste umfangreiche Rechtsakt zur Regulierung von Technologie in Europa nach den Gesetzen über digitale Dienste (Digital Services Act, DSA) und den digitalen Markt. Der AI Act schließt die neuen KI-Modelle für generative Künstliche Intelligenz ein und hat hehre Ziele: Er soll sicherstellen, dass in der EU nur KI-Systeme entwickelt und angewendet werden, die im Einklang mit den in der Charta der Europäischen Union verbrieften Grundrechten stehen. Möglich war dieses Tempo nur, weil die Verordnung schon lange vor dem Hype geplant worden war.

Trotz Gegenwind aus der Industrie haben sich der Rat der Europäischen Union, das EU-Parlament und die Kommission nach langen Verhandlungen darauf geeinigt, auch Hersteller von KI-Basismodellen einer Regulierung zu unterziehen. Unternehmen wie OpenAI, Google und Aleph Alpha müssen technische Dokumentationen erstellen, die Aufschluss über Trainings- und Testverfahren geben. Besondere Verpflichtungen gelten für Entwickler großer Modelle mit »systemischen Risiken«, unter anderem im Bereich Cybersicherheit und Risikomanagement.

Für konkrete KI-Anwendungen ist ebenfalls ein risikobasierter Ansatz vorgesehen. Das heißt: Je höher das Risiko, das mit bestimmten KI-Systemen einhergeht, desto größer die Auflagen für ihre Entwickler. Systeme mit sehr hohen Risiken wie in kritischen medizinischen Anwendungen oder autonomen Fahrzeugen sollen demnach Prüfungen unterzogen werden, und ihre Hersteller müssen hohe Transparenzauflagen erfüllen. Bei Verstößen sieht das Gesetz hohe Strafen vor. Wo nur geringere Risiken bestehen, wie bei Chatbots und Bildgeneratoren, sind auch die Verpflichtungen für die Unternehmen entsprechend weniger umfangreich. Für einige Bereiche sollen KI-Anwendungen von vornherein ganz verboten sein. So gelten KI-Systeme zum Zweck der sozialen Klassifizierung von Menschen, etwa nach ihrem Verhalten oder ihrem sozioökonomischen Status, als »inakzeptable Risiken«. In der Volksrepublik China wurde das sogenannte Social Scoring bei Pilotversuchen eingesetzt, um das soziale Verhalten von Bürgerinnen und Bürgern zu bewerten und zu sanktionieren. So sollte ihnen etwa der Zugang zu sozialen Diensten eingeschränkt werden, wenn sie Straftaten begangen oder Kredite nicht zurückgezahlt hatten. Insgesamt lässt die KI-Verordnung Raum, Vorschriften an die weitere Entwicklung von KI anzupassen.

Yann LeCun gehört zu den internationalen KI-Experten, die die abschließenden Ergebnisse der AI-Act-Verhandlungen in den sozialen Netzwerken kommentieren. Es sei eine »schlechte Idee«, Basismodelle zu regulieren, schreibt er. »Kudos«, also Lob, gibt es von ihm für die Regierungen von Frankreich, Deutschland und

Italien, die Ausnahmen für Open-Source-Anbieter durchgesetzt hätten. Im aktuellen KI-Hype ist LeCun mit der KI-Forschungsabteilung von Meta der bekannteste Verfechter des Prinzips. Sein Mantra ist, dass sich Risiken von KI am besten eindämmen lassen, indem Forscher ihre Erkenntnisse offenlegen und den Code ihrer Modelle nach dem Open-Source-Prinzip frei zugänglich machen. So kann jeder nachvollziehen, wie sie funktionieren, und Schwachstellen können schneller geschlossen werden. Schon als Yann LeCun 2013 zum Facebook-Konzern kam, soll er zur Bedingung gemacht haben, dass er alle seine wissenschaftlichen Arbeiten weiterhin veröffentlichen darf.

So oder so kritisiert er seine Kollegen für die dystopischen Szenarien, die sie verbreiten. LeCun hat keinen der alarmierenden Briefe unterschrieben, mit denen seine Kollegen auf KI-Risiken hingewiesen haben. Bei dem Treffen mit Journalisten in Paris beschreibt er Vergleiche von KI-Risiken mit Pandemien und Atombomben als »völligen Unsinn«. Selbst wenn Maschinen smarter als Menschen würden, würden doch wir die Kontrolle behalten.

Während Manager der führenden US-KI-Unternehmen warnen, KI-Modelle unter Open-Source-Lizenz könnten in die Hände böswilliger Akteure wie Terrorgruppen fallen, hält LeCun dagegen. Im November 2023 schreibt er auf der Plattform X: »Ich glaube, dass die kurzfristigen gesellschaftlichen Gefahren von intransparenten KI-Systemen, die bald jedermanns digitalen Konsum bestimmen werden, wesentlich größer sind als jede denkbare Katastrophe, die durch den Missbrauch von Open-Source-KI-Systemen verursacht wird.« Auch die Verhandler der EU sind schlussendlich zu dem Ergebnis gekommen, dass offene Systeme weniger Regeln bedürfen. Der AI Act sieht für Open-Source-Modelle und -Systeme weitreichende Ausnahmen von Regulierungsvorschriften vor.

Zuspruch oder gar Glückwünsche aus der Industrie haben die EU-Vertreter für ihre Regulierungsbemühungen wenig bekommen. Noch im Sommer 2023 versammelten die Start-up-Investorin Jeannette zu Fürstenberg, der frühere Vorstandsvorsitzende der Telekom René Obermann und Frankreichs ehemaliger Digitalstaatssekretär Cédric O in einem rasanten Tempo führende Köpfe der deutschen und französischen Wirtschaft um sich, um Alarm zu schlagen. Mehr als hundert renommierte Wirtschaftsvertreter schlossen sich an und forderten gemeinsam Änderungen an dem damaligen Entwurf – darunter Chefs von DAX-Konzernen wie der Telekom-Vorstandsvorsitzende Timotheus Höttges, der Siemens-Energy-CEO Christian Bruch und der Covestro-Lenker Markus Steilemann. Sie alle warnen in einem offenen Brief, das Gesetz könne »die Wettbewerbsfähigkeit und die technologische Souveränität Europas gefährden«, wenn es nicht mit dem »Aufbau eines transatlantischen Rahmens« einhergehe, damit auf beiden Seiten des Atlantiks faire Wettbewerbsbedingungen gelten.

Zwar gibt es auch Stimmen, die einen erneuten Brüsseleffekt für möglich halten: Der KI-Rechtsakt werde »so ähnlich wie die DSGVO im Datenschutzbereich global eine Rolle spielen, weil es die aktuell detailreichste, umfassendste Regulierung der Künstlichen Intelligenz ist«, sagt etwa Matthias C. Kettemann, Professor für Innovationsrecht an der Universität Innsbruck bei einem Pressebriefing. Der AI Act sei ein Vorbild, »daran werden die nächsten Rechtsakte gemessen werden«. Aber das sind bisher nicht mehr als Hoffnungswerte. Allen voran in den USA gibt es zwar grundsätzlich Bestrebungen, KI-Unternehmen zu regulieren, und US-Präsident Joe Biden hat die Konzerne bereits per Dekret zu Sicherheitstests verpflichtet. Doch die Meinungen, wie eine Gesetzgebung aussehen könnte, liegen innerhalb der USA weit auseinander. Ähnlich sieht es international aus.

Trotzdem ist es folgerichtig, an ein internationales oder zumindest transatlantisches Abkommen zu denken. Das hat auch mit den geopolitischen Spannungen zwischen den KI-Supermächten USA und China zu tun. Im September 2023 ist dieses Spannungsverhältnis auch Thema bei der Münchner DLD-Konferenz, die traditionell eine Brücke zwischen gesellschaftlichen, wirtschaftlichen und politischen Stakeholdern schlägt. Die Europaparlamentarierin Eva Maydell von der Europäischen Volkspartei spricht dort von KI als der nächsten »Front«, an der das geopolitische Rennen ausgetragen werde. »Wir sind uns des ›Pandas‹ im Raum sehr bewusst«, sagt Maydell in Anspielung auf das chinesische Nationalsymbol. Sie fordert in München »eine viel stärkere Zusammenarbeit mit unseren amerikanischen Verbündeten, aber auch mit anderen demokratischen Partnern«.

Die größten Risiken der KI, das wird dabei klar, bestehen darin, dass Menschen sie nicht verantwortlich einsetzen werden. Und was das angeht, ist der Vergleich mit Atomwaffen vielleicht maximal groß, aber nicht unbegründet. Zwar lassen sich Atomwaffen viel schwieriger herstellen und transportieren. Aber so wie internationale Staaten um die Atommächte USA, Frankreich, China, Großbritannien und Russland sich darauf geeinigt haben, Kernenergie friedlich zu nutzen und Kernwaffen nicht zu verbreiten, wären ähnliche Vereinbarungen bei KI möglich. Dann gehört allerdings auch China als KI-Macht an den Verhandlungstisch. Rishi Sunak, der britische Premierminister, hat beim ersten KI-Sicherheitsgipfel in Großbritannien im November 2023 schon die Basis für ein solches Format geschaffen. Doch mehr als erste Übereinkünfte und freiwillige Verpflichtungen, wie sie auch auf Ebene der G7, der G20, der OECD und der UN getroffen wurden oder verfolgt werden, scheinen derzeit nicht realistisch. Ein bindender internationaler Regulierungsrahmen wie etwa das Pariser Klimaabkommen ist nicht in Sicht.

Für Europa wiederum könnte eines der größten Risiken nun zunächst darin bestehen, im internationalen KI-Wettrennen nur die Rolle des Schiedsrichters einzunehmen. Denn Regulierung, das ist auch klar, ist am Ende nur ein begrenztes Mittel, um die

Entwicklung und den Einsatz von Künstlicher Intelligenz zu gestalten.

Auf einen Blick

Hauptthema: Führende KI-Experten warnen vor den Risiken der KI. Manche vergleichen die Gefahren mit denen, die von einer Pandemie oder einer Atombombe ausgehen, und fordern, dass weltweit Sicherheitsmaßnahmen getroffen werden müssen.

Warum das wichtig ist: Es darf nicht außer Acht gelassen werden, dass viele Unterzeichner offener Warnbriefe selbst ein wirtschaftliches Interesse daran haben, dass ihre Technologien als besonders mächtig angesehen werden. Dennoch geht die Entwicklung Künstlicher Intelligenz zweifellos mit Risiken einher, die wir uns heute zum Teil noch gar nicht vorstellen können.

Hintergrund: Die Europäische Union hat Ende 2023 eine politische Einigung über die weltweit erste umfassende KI-Verordnung erzielt. Dabei haben sich die politischen Institutionen darauf geeinigt, vor allem denjenigen Institutionen und Unternehmen regulatorischen Freiraum zu gewähren, die ihren Code offenlegen und externe Überprüfungen erleichtern.

Ausblick: Kritiker fordern, dass es mindestens einen transatlantischen Rahmen für die KI-Regulierung braucht – oder besser noch ein internationales Abkommen, das auch China unterzeichnet.

Die KI-Welle kommt – und jetzt?

Der 61. Stock des Salesforce Towers gibt den Blick frei über das Silicon Valley. Die Abendsonne taucht San Francisco in ein warmrotes Licht. Schiffe bahnen sich ihren Weg unter der ikonografischen Golden Gate Bridge entlang. Autos drängen sich dicht an dicht auf dem U.S. Highway 101, der San Francisco mit dem Rest des Silicon Valley verbindet.

»Wir stehen am Beginn einer neuen Zeit«, sagt Clara Shih. Ihr Blick gleitet durch die bodentiefen Fenster über die Stadt. Dann schaut sie mich an. Seit 20 Jahren arbeite sie an Themen der Künstlichen Intelligenz, sagt die in Stanford und Oxford ausgebildete Informatikerin, die heute den KI-Bereich beim Technologieunternehmen Salesforce leitet. »Aber ich habe noch nie so eine Innovationskraft und Geschwindigkeit wie heute erlebt.«

Ob beim Schreiben von Computercode, in der Medizin oder im Bildungsbereich, überall würden im Wochenrhythmus neue Ideen entwickelt, wie sich KI einsetzen lasse. »Die Möglichkeiten scheinen grenzenlos«, schwärmt Shih. Salesforce ist eigentlich eine Firma, die Geschäftsprozesse besser machen will. Unter Shih forscht das Unternehmen aber auch in ganz anderen Bereichen. Salesforce will Teil des KI-Hypes sein. Ein Experimentierfeld sind medizinische Anwendungen. Unter dem Namen ProGen spielt Salesforce neue Wege durch, um mithilfe KI-basiert entwickelter Proteine Krankheiten wie rheumatoide Arthritis und Multiple Sklerose zu behandeln. In einem anderen Pilotversuch lässt das Team von Shih per KI Drohnenaufnahmen vor der Küste von Kalifornien analysieren, um die Bewegungen von Weißen Haien zu erkennen. Damit sollen Surferinnen und Schwimmer künftig frühzeitig vor den Tieren gewarnt werden können, um Haiangriffe zu reduzieren.

Ob in San Francisco, Berlin, Paris oder Peking, überall auf der Welt sehen Technologiepioniere eine grundlegende Veränderung heraufziehen. Einige von ihnen haben Sie in diesem Buch kennengelernt. Künstliche Intelligenz wird unser Leben verändern. So viel ist klar. Wann und wie genau, wird sich in den nächsten Jahren zeigen. Manche Berufe werden verschwinden. Viele Berufe werden sich verändern. Einige ambitionierte KI-Firmen werden scheitern. Dafür werden andere ihren Platz einnehmen. Der Wandel zu einer von KI geprägten Welt ist nicht mehr aufzuhalten.

Jetzt ist die beste Zeit, um sich intensiv mit der Technik zu beschäftigen. Menschen wie Clara Shih trauen sich an völlig neue Bereiche heran und wollen austesten, was mit KI alles möglich ist. Wenn Sie eine zentrale Botschaft aus diesem Buch mitnehmen, dann lassen Sie es diese sein: Probieren Sie die Möglichkeiten Künstlicher Intelligenz aus! Schauen Sie sich selbst an, wo und wie die Technik in Ihrem Alltag, Ihrem Beruf oder im Privatleben helfen kann. Die Chancen sind gewaltig. Niemand kann sicher vorhersagen, was passieren wird. Genau das macht diese Zeit so spannend. Manche KI-Werkzeuge für Ihre Arbeit oder Ihren Alltag werden nützlich sein, andere entpuppen sich vielleicht als überflüssige Spielerei. Wir können Sie nur ermuntern: Sammeln Sie Ihre eigenen Erfahrungen. Es lohnt sich.

Auch wir experimentieren mit KI. Dabei ist es natürlich nicht so, dass eine einfache Eingabe in einen Chatbot ausreicht, um einen guten Text zu erstellen. Prompts zu schreiben, also die Eingaben für Text- und Bildgeneratoren, wird im 21. Jahrhundert zur neuen Kulturtechnik werden. Es braucht Zeit und viel Übung, um sie zu beherrschen. Auch wir sind noch lange keine Profis darin. Aber schon heute hilft uns KI, unsere Informationen zu sortieren, Nachrichten von fremdsprachigen Websites zu übersetzen, Interviews abzutippen, Ideen für Überschriften zu entwickeln und Tippfehler aus Texten zu fischen. All das gefährdet nicht unsere Jobs, sondern ermöglicht uns, sie besser zu machen als je zuvor.

Es wird sich ein neues Zusammenspiel zwischen Maschinen und Menschen etablieren. Das gilt nicht nur für Programmierer, sondern auch für viele andere Branchen. Beispielsweise auch für uns Journalisten. Einige Aufgaben im Redaktionsalltag kann eine Künstliche Intelligenz heute schon besser und schneller als wir. Diese Aufgaben wird eine leistungsfähige KI bald übernehmen. Aber wir sind auch überzeugt, dass Robojournalisten uns Reporter nicht verdrängen können. Es braucht Journalisten, um Fragen zu stellen, die noch nicht gestellt wurden, Dinge herauszufinden, die andere verheimlichen wollen, Orte zu besuchen, die den meisten Menschen – und auch Bots – versperrt bleiben. Für dieses Buch sind wir durch die USA und durch Europa gereist. Wir haben Zugang zu Unternehmen und ihren Pionieren bekommen, die in uns und unsere Reputation vertrauen. Und viele Dinge, über die wir hier berichten, haben uns Menschen erzählt oder bestätigt, die gar nicht mit uns hätten reden dürfen. Eine KI kann nicht auf diese Weise auf Recherche gehen. Das ist und bleibt unsere Aufgabe.

Das Beispiel des Künstlers Boris Eldagsen hat eindrücklich gezeigt, dass es erfahrene Fotografen sind, die die besten Voraussetzungen haben, ein ganz bestimmtes fotorealistisches Bild zu generieren. Wer wüsste besser, was es alles für Kameraeinstellungen und Perspektiven zu berücksichtigen gibt. Professor David Matusiewicz hat sich mit Dx2 einen digitalen Zwilling geschaffen, der Studierenden künftig zu jeder Tages- und Nachtzeit die Grundlagen der Betriebswirtschaftslehre verständlich machen soll. Es ist die Kombination von menschlicher Erfahrung mit den Möglichkeiten der Künstlichen Intelligenz, die besonders vielversprechende Anwendungen möglich machen kann.

Ob Sie Lehrerin sind, Steuerfachangestellte, Bürgermeister, Ärztin oder CEO eines Unternehmens: Sie können es so handhaben, wie Alan Turing es seinen Zeitgenossen schon 1950 vorgeworfen hat. Sie können glauben und hoffen, dass KI-Assistenten Ihre Arbeit noch für lange Zeit nicht so gut ausführen werden wie Sie, weil schon die Vorstellung zu schrecklich wäre. Oder Sie probieren sie einfach mal aus. Die gute Nachricht ist: Wenn es nicht gleich gelingt, war es nie so befriedigend wie heute, den Computer einfach anzufluchen. Ein wohlerzogener Chatbot wird sich vermutlich sogar bei Ihnen entschuldigen.

Glossar

Algorithmus: eine Reihe von Anweisungen oder Regeln, die von einem Computer ausgeführt werden, um ein spezifisches Problem zu lösen. Algorithmen sind das Herzstück vieler KI-Systeme und ermöglichen es Computern, komplexe Aufgaben durchzuführen.

Alignment: Dieser Begriff bezieht sich auf die Ausrichtung der Ziele und Handlungen einer KI auf die Intentionen und Werte des Menschen. Dieses Konzept ist entscheidend, um sicherzustellen, dass KI-Systeme in einer Weise agieren, die menschlichen Interessen entspricht und ethische Standards berücksichtigt.

Bestärkendes Lernen (Reinforcement Learning): ein Ansatz des Maschinellen Lernens, bei dem Modelle durch Belohnungen trainiert werden. In diesem Prozess führt das Modell Aktionen aus und erhält Rückmeldungen in Form von Belohnungen, die darauf basieren, wie gut diese Aktionen ein bestimmtes Ziel erfüllen. Bestärkendes Lernen ermöglicht es KI-Systemen, komplexe Probleme durch Ausprobieren und Erfahrung zu lösen, ähnlich dem menschlichen Lernprozess.

Black Box: ein Begriff, der oft verwendet wird, um zu beschreiben, wie komplexe KI-Modelle, insbesondere Deep-Learning-Modelle, funktionieren. Dies bezieht sich auf die Schwierigkeit zu verstehen, wie diese Modelle zu ihren Entscheidungen oder Ergebnissen kommen, da die internen Verarbeitungsmechanismen oft nicht transparent oder nachvollziehbar sind.

Computerchip: ein kleines Stück Silizium, das integrierte Schaltkreise enthält und als das zentrale Verarbeitungselement in Computern und anderen digitalen Geräten dient. Computerchips sind für die Ausführung von Befehlen und die Verarbeitung von Daten zuständig.

Datenanalyse: der Prozess des Sammelns, Aufbereitens und Interpretierens von Daten, um Muster zu erkennen und Schlussfolgerungen zu ziehen. Datenanalyse ist in der KI von großer Bedeutung, da sie die Grundlage für das Training und die Verbesserung von KI-Modellen bildet.

Datenmenge (Dataset): eine Sammlung von Daten, die zum Trainieren oder Testen von KI-Modellen verwendet wird. Diese Daten können aus verschiedenen Quellen wie Büchern, Internetseiten oder offiziellen Dokumenten von Firmen und Staaten stammen und unterschiedliche Formate aufweisen.

Deep Learning: eine fortgeschrittene Methode des Maschinellen Lernens, die sogenannte tiefe neuronale Netze verwendet, um komplexe Muster in großen Datenmengen zu erkennen. Deep Learning ist besonders effektiv in Bereichen wie Bild- und Spracherkennung und bildet die Grundlage großer Sprachmodelle.

DSGVO (Datenschutz-Grundverordnung): eine Verordnung der Europäischen Union, die darauf abzielt, die Datenschutzrechte von Individuen innerhalb der EU zu stärken und zu vereinheitlichen. Sie gibt Personen mehr Kontrolle über ihre persönlichen Daten und legt strenge Regeln für die Datenerfassung, -verarbeitung und -speicherung durch Unternehmen und Organisationen fest.

Generative Modelle: Algorithmen in der KI, die in der Lage sind, neue Daten zu erzeugen, die trainierten Daten ähneln. Diese Modelle finden Anwendung in der Erzeugung von Texten, Bildern, Musik und anderen Formen von Inhalten.

GPT (Generative Pre-trained Transformer): eine Art von KI-Modell, das für die Erzeugung von Text verwendet wird. GPT-Modelle werden mit großen Mengen von Textdaten vortrainiert und können dann Texte generieren, die natürlicher Sprache ähneln. Sie werden häufig für Aufgaben wie Textfortsetzung, Übersetzung oder Textzusammenfassung eingesetzt.

Grafikchip (GPU, Graphics Processing Unit): ein spezialisierter Prozessor, der ursprünglich für die schnelle Verarbeitung und Darstellung von Bildern und Videos entwickelt wurde. GPUs sind aufgrund ihrer Fähigkeit, parallele Berechnungen durchzuführen, auch für Aufgaben im Bereich des Maschinellen Lernens und der KI sehr beliebt.

Halluzination: Im Kontext der Künstlichen Intelligenz und des Maschinellen Lernens bezieht sich Halluzination auf Fälle, in denen ein KI-Modell irrelevante, ungenaue oder erfundene Informationen in seine Ausgabe einfügt. Dies ist besonders bei Modellen der Sprachgenerierung ein bekanntes Phänomen.

Künstliche Intelligenz (KI): ein Bereich der Informatik, der sich mit der Schaffung von Maschinen oder Software befasst, die menschenähnliche Intelligenz und Lernfähigkeit zeigen. KI umfasst eine Vielzahl von Techniken und Ansätzen, um Maschinen zu befähigen, Aufgaben zu erledigen, die normalerweise menschliche Intelligenz erfordern.

LLM (Large Language Model): groß angelegte Sprachmodelle, die darauf trainiert sind, menschliche Sprache zu verstehen, zu generieren und zu interpretieren. Diese Modelle werden durch das Training an umfangreichen Textdatenbanken erstellt und können für eine Vielzahl von Aufgaben eingesetzt werden, darunter Textgenerierung, Übersetzung, Zusammenfassung und Fragebeantwortung.

Maschinelles Lernen (ML): ein Teilbereich der KI, der es Computern ermöglicht, aus Daten zu lernen und Entscheidungen zu treffen, ohne explizit programmiert zu sein. Maschinelles Lernen umfasst verschiedene Techniken und Methoden, die es Computern ermöglichen, Muster in Daten zu erkennen und darauf basierend Vorhersagen zu treffen.

Neuronale Netze: computergestützte Modelle, inspiriert vom menschlichen Gehirn, die große Mengen an Daten verarbeiten, um Muster und Beziehungen zu erkennen. Neuronale Netze sind die Grundlage vieler moderner KI-Systeme, insbesondere in Bereichen wie Bild- und Spracherkennung.

Parameter: Im Maschinellen Lernen sind Parameter die Teile eines Modells, die durch Lernen aus Daten angepasst werden. Sie repräsentieren das Wissen, das ein KI-Modell während des Trainingsprozesses erwirbt. Die Anzahl der Parameter ist ein Indikator für die Komplexität eines Modells.

Proteinfaltung: der Prozess, bei dem Proteine in ihre funktionale dreidimensionale Struktur übergehen. Dieser Vorgang ist entscheidend für die biologische Funktion der Proteine und ein wichtiges Forschungsfeld in der Bioinformatik, wobei KI-Methoden zunehmend zur Prognose der Proteinstruktur verwendet werden.

Schwache KI: eine Form der Künstlichen Intelligenz, die in einem kleinen Bereich mitunter komplexe Aufgaben lösen kann. In diese Kategorie fallen eigentlich alle derzeit im Einsatz befindlichen KI-Werkzeuge wie KI-Programmierhilfen oder KI-Chatbots. Mit ihnen lassen sich zwar mitunter komplexe Probleme lösen. Aber die jeweilige Maschinenintelligenz beschränkt sich nur auf einen kleinen Bereich.

Selbstüberwachtes Lernen: eine Lernmethode im Bereich des Maschinellen Lernens, die als Zwischenform zwischen überwachtem und unüberwachtem Lernen angesehen werden kann. Bei dieser Methode generiert das Modell seine eigenen Labels aus den Eingabedaten, um ein Lernproblem zu lösen. Selbstüberwachtes Lernen ermöglicht es Modellen, komplexe Muster und Strukturen in Daten zu erkennen, ohne auf menschlich annotierte Daten angewiesen zu sein. Es spielt bei der natürlichen Sprachverarbeitung eine große Rolle – etwa bei Chatbots wie ChatGPT. Das neuronale Netz lernt dort aus einer großen Menge von Texten, welches Wort auf eine bestimmte Aneinanderreihung anderer Worte folgen muss.

Starke KI/AGI (Artificial General Intelligence): eine Form der Künstlichen Intelligenz, die in der Lage ist, jegliche intellektuelle Aufgabe zu erfüllen, die ein menschlicher Verstand ausführen kann. Im Gegensatz zu spezialisierter KI, die auf bestimmte Aufgaben beschränkt ist, würde AGI ein umfassendes, flexibles Verständnis und Lernen über verschiedene Bereiche hinweg ermöglichen.

Superintelligenz: Mit Superintelligenz wird eine KI bezeichnet, die dem Menschen in vielen Bereichen kognitiv überlegen wäre. Sie hätte Bewusstsein und könnte ihre Aktionen selbst planen und steuern. Sie ist bisher genauso der Science-Fiction vorbehalten wie die starke KI. Aber OpenAI hat bereits 2023 angekündigt, dass es ein Forschungsteam aufstellen und zusammen mit Microsoft erhebliche Ressourcen investieren will, um eine Superintelligenz kontrollieren zu können, wenn sie auftaucht.

Training von KI-Modellen: der Prozess, bei dem ein KI-Modell mit Daten gefüttert wird, um zu lehren, wie es Aufgaben ausführen soll. Dieser Prozess ist entscheidend für die Entwicklung effektiver KI-Systeme und umfasst oft eine Kombination aus verschiedenen Lernmethoden.

Transformer: eine Architektur für Modelle des Maschinellen Lernens, insbesondere im Bereich des Natural Language Processing (NLP). Transformer-Modelle sind dafür bekannt, dass sie sehr effizient mit großen Mengen an Daten umgehen und dabei Kontextinformationen über lange Textpassagen hinweg berücksichtigen können.

Überwachtes Lernen: eine Methode des Maschinellen Lernens, bei der Modelle anhand von Beispielen mit bekannten Eingaben und Ausgaben trainiert werden. Diese Methode wird häufig eingesetzt, wenn klare Datenstrukturen und spezifische Lernziele vorhanden sind. Ein oft zitiertes Beispiel sind Fotos mit der Information »Katze auf dem Bild«. Wenn das Netz eine Reihe von Bildern mit dieser Information gesehen hat, kann es bei der Eingabe eines neuen Bildes sagen, ob es den bekannten Katzenbildern ähnlich ist.

Unüberwachtes Lernen: eine Methode des Maschinellen Lernens, bei der Modelle ohne vorherige Kenntnis der Ergebnisse aus den Daten lernen. Diese Methode wird eingesetzt, um verborgene Muster und Strukturen in Daten zu entdecken. Die

Systeme sollen selbst Strukturen und Muster erkennen. Werden in das System beispielsweise Bilder von Katzen und Hunden eingespeist, könnte das KI-System erkennen, dass diese Bilder unterschiedlichen Kategorien zugeordnet werden müssen – ohne dabei zu wissen, dass das Bildmaterial Katzen und Hunde zeigt.

Danksagung

Dieses Buch wäre nicht entstanden, wenn uns nicht so viele Menschen dabei unterstützt hätten. Dafür bedanken wir uns an dieser Stelle ganz herzlich. Insbesondere gilt unser Dank:

all den Menschen, die uns Einblick in Unternehmen und Forschungslabore gegeben haben. Viele von ihnen dürfen über die Details ihrer Arbeit eigentlich nicht sprechen. Ohne ihre Unterstützung wäre es jedoch nicht möglich gewesen, die KI-Entwicklung so genau nachzuzeichnen.

Sebastian Matthes, unserem Chefredakteur beim *Handelsblatt*. Ohne seine Unterstützung würde es dieses Buch nicht geben.

Andrea Wasmuth, der Vorsitzenden der Geschäftsführung der Handelsblatt Media Group. Sie hat uns bestärkt, dieses Projekt neben unseren Reporterjobs inmitten des großen KI-Hypes tatsächlich anzugehen.

Benjamin Schröder, der seit vielen Jahren bei US-Technologiefirmen in leitender Funktion für Themen wie Künstliche Intelligenz und Maschinelles Lernen zuständig ist. Er hat uns viele hilfreiche Hinweise auf die spannendsten Entwicklungen gegeben.

Den vielen Ideen- und Impulsgebern. Das sind insbesondere: Mostafa Akbari-Hochberg, Katharina Borchert, Axel Ancona Esselmann, Ed Baskerville, Alexander Demling, Milagros Escoredo, Robin Goldman, Lars Hartenstein, Flavia Holzki, Baptiste Jaeger, Catiana Krapp, Judith Kather, Lothar Scheuer, Martin Schneider und Javier Vizoso.

Ana Radić danken wir für ihre Geduld, ihren tollen Input und die vielen Diskussionen über die besten Ansätze für das Buch.

Großer Dank gilt auch dem Team vom Verlag Herder und insbesondere Lektorin Sara Weydner für die tolle Zusammenarbeit.

Literaturverzeichnis

Alle Links sind zuletzt am 18.12.2023 abgerufen worden.

Agrawal, Ajay, Joshua Gans und Avi Goldfarb, Power and Prediction: The Disruptive Economics of Artificial Intelligence, Boston, MA 2022.

Anil, Rohan u.a., PaLM 2 Technical Report, in: arXiv, 13.9.2023, https://doi.org/10.48550/ARXIV.2305.10403.

Bateman, Justine, AI in the Arts Is the Destruction of the Film Industry. We Can't Go Quietly, in: Newsweek, 17.5.2023, https://www.newsweek.com/ai-arts-destruction-film-industry-we-cant-go-quietly-opinion-1800983.

Bang, Yejin u.a. A Multitask, Multilingual, Multimodal Evaluation of ChatGPT on Reasoning, Hallucination, and Interactivity, in: arXiv, 28.11.2023, https://doi.org/10.48550/ARXIV.2302.04023.

Bergen, Mark, Like, Comment, Subscribe: Inside YouTube's Chaotic Rise to World Domination, New York 2022.

Bongards, Michael, Betriebsoptimierung von Kläranlagen mit selbstlernenden Reglersystemen, in: WWT AWT Special 2003, Heft 5, S. 14–17.

Bostrom, Nick, Superintelligence: Paths, Dangers, Strategies, Oxford/New York 2016.

Bub, Gabriel und Nicola Kuhrt, Stimmungswechsel bei Zivilklausel, in: Research.Table, 11.09.2023, https://table.media/research/analyse/stimmungswechsel-bei-zivilklausel/.

Bubeck, Sébastien u.a., Sparks of Artificial General Intelligence: Early experiments with GPT-4, in: arXiv, 13.4.2023, https://doi.org/10.48550/ARXIV.2303.12712.

Carlini, Nicholas u.a., Extracting Training Data from Diffusion Models, in: arXiv, 30.1.2023, https://doi.org/10.48550/ARXIV.2301.13188.

Christian, Brian, The Alignment Problem: Machine Learning and Human Values, New York 2021.

Crawford, Kate, Atlas of AI: Power, Politics, and the Planetary Costs of Artificial Intelligence, New Haven, CT 2022.

Dembart, Lee, Experts Argue Whether Computers Could Reason, and if They Should, in: The New York Times, 8.5.1977.

Dettmers, Tim u.a., QLoRA: Efficient Finetuning of Quantized LLMs, in: arXiv, 23.5.2023, https://doi.org/10.48550/ARXIV.2305.14314.

Dittrich, Monika, Das schwierige Verhältnis der Deutschen zu ihrer Armee, in: Deutschlandfunk, 2.3.2023, https://www.deutschlandfunk.de/soldatenbild-soldaten-image-geschichte-100.html.

Dziri, Nouha u.a., Faith and Fate: Limits of Transformers on Compositionality, in: arXiv, 31.10.2023, https://doi.org/10.48550/ARXIV.2305.18654.

Frana, Philip und Michael J. Klein (Hg.), Encyclopedia of Artificial Intelligence: The Past, Present, and Future of AI, Santa Barbara, CA 2021.

Fridman, Lex, Demis Hassabis: DeepMind – AI, Superintelligence & the Future of Humanity, in: Lex Fridman Podcast #299, 1.7.2022, https://www.youtube.com/watch?v=Gfr50f6ZBvo.

Gates, Bill, The Age of AI has begun, in: GatesNotes, 21.3.2023, https://www.gatesnotes.com/The-Age-of-AI-Has-Begun.

Guo, Biyang u. a., How Close is ChatGPT to Human Experts? Comparison Corpus, Evaluation, and Detection, in: arXiv, 18.1.2023, https://doi.org/10.48550/ARXIV.2301.07597.

Haas, Peter und Silvia Holzinger, Weizenbaum: Rebel at Work, Il Mare Film, Berlin 2007.

Haupt, Friederike, Fotos, die keine sind: Die AfD macht Stimmung mit KI-Bildern, in: Frankfurter Allgemeine Zeitung, Nr. 77, 31.3.2023.

Higgins, Tim, Power Play: Tesla, Elon Musk, and the Bet of the Century, New York 2021.

Hochreiter, Sepp und Jürgen Schmidhuber, Long Short-Term Memory, in: Neural Computation 9, Nr. 8 (1997), S. 1735–1780. https://doi.org/10.1162/neco.1997.9.8.1735.

Hoffman, Reid, Impromptu: Amplifying Our Humanity Through AI, Dallepedia LLC 2023, https://www.impromptubook.com/wp-content/uploads/2023/03/impromptu-rh.pdf.

Hofstadter, Douglas R., Gödel, Escher, Bach: An Eternal Golden Braid, New York 1999.

Infratest dimap, ARD-Deutschland-Trend: Eine repräsentative Studie zur politischen Stimmung, März 2022, https://www.infratest-dimap.de/fileadmin/user_upload/DT2203_Report.pdf.

Isaacson, Walter, Elon Musk, New York 2023.

Kirchenbauer, John u. a., A Watermark for Large Language Models, in: arXiv, 6.6.2023, https://doi.org/10.48550/ARXIV.2301.10226.

Kirillov, Alexander u. a., Segment Anything, in: arXiv, 5.4.2023. https://doi.org/10.48550/ARXIV.2304.02643.

Kissinger, Henry A., Eric Schmidt und Daniel Huttenlocher, The Age of AI and Our Human Future, London 2021.

Kohs, Greg, AlphaGo, Moxie Pictures 2017.

Krizhevsky, Alex, Ilya Sutskever und Geoffrey E. Hinton, ImageNet Classification with Deep Convolutional Neural Networks, in: Advances in Neural Information Processing Systems, Bd. 25, Red Hook, NY 2012, https://papers.nips.cc/paper_files/paper/2012/hash/c399862d3b9d6b76c8436e924a68c45b-Abstract.html.

Kurzweil, Ray, The Singularity Is Near: When Humans Transcend Biology, New York 2006.

Lange, Nico, Nach der Zeitenwende ist vor der Zeitenwende, in: Internationale Politik Special 4, Juli 2023, S. 52–55, https://internationalepolitik.de/de/nach-der-zeitenwende-ist-vor-der-zeitenwende.

LeCun, Yann, Yoshua Bengio und Geoffrey Hinton, Deep Learning, in: Nature 521, Nr. 7553 (Mai 2015), S. 436–444, https://doi.org/10.1038/nature14539.

Lee, Kai-Fu, AI Superpowers: China, Silicon Valley und die neue Weltordnung, Frankfurt am Main 2019.

Lee, Kai-Fu und Chen Qiufan, AI 2041: Zehn Zukunftsvisionen, Frankfurt am Main 2022.

Lee, Peter, Carey Goldberg und Isaac Kohane, The AI Revolution in Medicine: GPT-4 and Beyond, Upper Saddle River, NJ 2023.

Levy, Steven, Facebook: The Inside Story, New York 2020.

Lighthill, James, FRS, Artificial Intelligence: A General Survey, Cambridge University, Juli 1972.

McCarthy, John, Review of «Artificial Intelligence: A General Survey», in: Artificial Intelligence: A Paper Symposium, Science Research Council 1973, https://www-formal.stanford.edu/jmc/reviews/lighthill/lighthill.html.

McCarthy, John, What Is Artificial Intelligence?, Computer Science Department, Stanford University, 2007, http://jmc.stanford.edu/articles/whatisai/whatisai.pdf.

Metz, Cade, Genius Makers: The Mavericks Who Brought AI to Google, Facebook, and the World, New York 2021.

Miller, Chris, Chip War: The Fight for the World's Most Critical Technology, New York 2022.

Minsky, Marvin, Seymour A. Papert und Leon Bottou, Perceptrons: An Introduction to Computational Geometry, Cambridge, MA 2017 [Erstausgabe 1969], https://doi.org/10.7551/mitpress/11301.001.0001.

Mitchell, Melanie, Artificial Intelligence: A Guide for Thinking Humans, New York 2020.

OpenAI, GPT-4 Technical Report, in: arXiv, 27.3.2023, https://doi.org/10.48550/ARXIV.2303.08774.

Peukert, Christian u. a., Regulatory Spillovers and Data Governance: Evidence from the GDPR, in: Marketing Science 41, Nr. 4 (Juli–August 2022), S. 746–768, https://pubsonline.informs.org/doi/epdf/10.1287/mksc.2021.1339.

Perrigo, Billy, Exclusive: OpenAI Used Kenyan Workers on Less Than $2 Per Hour to Make ChatGPT Less Toxic, in: Time Magazine, 18.1.2023, https://time.com/6247678/openai-chatgpt-kenya-workers/.

Russell, Stuart, Human Compatible: Artificial Intelligence and the Problem of Control, New York 2020.

Scheuer, Stephan, Der Masterplan: Chinas Weg zur Hightech-Weltherrschaft, Freiburg 2021.

Scott, Shane und Wakabayashi, Shane, »The Business of War«: Google Employees Protest Work for the Pentagon, in: The New York Times, 4.4.2018, https://

www.nytimes.com/2018/04/04/technology/google-letter-ceo-pentagon-project.html.

Stone, Brad, Amazon Unbound: Jeff Bezos and the Invention of a Global Empire, New York 2021.

Suleyman, Mustafa und Michael Bhaskar, The Coming Wave: Technology, Power, and the Twenty-First Century's Greatest Dilemma, New York 2023.

Tegmark, Max, Life 3.0: Being Human in the Age of Artificial Intelligence, New York 2018.

Thiel, Peter und Blake Masters, Zero to One: Notes on Startups, or How to Build the Future, New York 2014.

Tiku, Nitasha, The Google Engineer Who Thinks the Company's AI Has Come to Life, in: The Washington Post, 11.6.2022.

Touvron, Hugo u. a., LLaMA: Open and Efficient Foundation Language Models, in: arXiv, 27.2.2023, https://doi.org/10.48550/ARXIV.2302.13971.

Turing, Alan M., Computing Machinery and Intelligence, in: Mind 59, Nr. 236 (October 1950), S. 433–460, https://doi.org/10.1093/mind/lix.236.433.

United Nations High Commissioner for Refugees, OHCHR Assessment of Human Rights Concerns in the Xinjiang Uyghur Autonomous Region, People's Republic Of China, 31.8.2022, https://www.ohchr.org/sites/default/files/documents/countries/2022-08-31/22-08-31-final-assesment.pdf.

Weizenbaum, Joseph, Eliza: A Computer Program for the Study of Natural Language Communication Between Man and Machine, in: Communications of the ACM 9, Nr. 1 (Januar 1966), S. 36–45. https://dl.acm.org/doi/pdf/10.1145/365153.365168.

Weizenbaum, Joseph, Computer Power and Human Reason: From Judgment to Calculation, San Francisco, CA 1976.

Wolfram, Stephen, What Is ChatGPT Doing ... and Why Does It Work?, Champaign, IL 2023.

Yang, Eddie und Margaret E. Roberts, Censorship of Online Encyclopedias: Implications for NLP Models, in: arXiv, 22.1.2021, https://doi.org/10.48550/arXiv.2101.09294.

Zhao, Wayne Xin u. a., A Survey of Large Language Models, in: arXiv, 24.11.2023, https://doi.org/10.48550/ARXIV.2303.18223.

Zheng, Lianmin u. a., Judging LLM-as-a-judge with MT-Bench and Chatbot Arena, in: arXiv, 15.10.2023, https://doi.org/10.48550/ARXIV.2306.05685.

Zheng, Shen u. a., GPT-Fathom: Benchmarking Large Language Models to Decipher the Evolutionary Path towards GPT-4 and Beyond in: arXiv, 2.12.2023, https://doi.org/10.48550/ARXIV.2309.16583.

Zuboff, Shoshana, The Age of Surveillance Capitalism: The Fight for a Human Future at the New Frontier of Power, New York 2019.

Zweig, Katharina, Die KI war's! Von absurd bis tödlich: Die Tücken der künstlichen Intelligenz, München 2023.